KB059101

선물주는산타의 주식투자 시크릿

8천만 원 종잣돈으로 124배의 수익을 올린
투자 고수가 되기까지

선물주는산타의
주식투자
시크릿

선물주는산타 지음

비즈니스북스

선물주는산타의 주식투자 시크릿

1판 1쇄 발행 2020년 4월 16일
1판 18쇄 발행 2023년 7월 6일

지은이 | 선물주는산타
발행인 | 홍영태
편집인 | 김미란
발행처 | (주)비즈니스북스
등 록 | 제2000−000225호(2000년 2월 28일)
주 소 | 03991 서울시 마포구 월드컵북로6길 3 이노베이스빌딩 7층
전 화 | (02)338−9449
팩 스 | (02)338−6543
대표메일 | bb@businessbooks.co.kr
홈페이지 | http://www.businessbooks.co.kr
블로그 | http://blog.naver.com/biz_books
페이스북 | thebizbooks
ISBN 979−11−6254−139−5   03320

제대로 된 투자 원칙이 있다면
급락장에서도 부를 잡을 수 있다

2020년 1월, 아시아 지역부터 확산되기 시작한 코로나19 COVID-19 사태로 주식시장은 사상 최악의 급락장을 맞이했습니다. 기업분석 회사인 한국CXO연구소가 조사한 결과에 따르면 국내 20개 업종별 매출 상위 5개 상장사의 시가총액이 코로나 사태 이후 30퍼센트나 줄었다고 합니다.

특히 세계보건기구 WHO가 팬데믹을 선언한 이후부터 상황은 더욱 나빠졌습니다. 코스피는 연일 저점을 경신해 2020년 3월 19일 현재 10년 전 지수인 1400대에 이르렀고 환율 역시 10년 만에 최고점을 갱신했습니다. 코스피와 코스닥에서 동시에 서킷브레이커가 연일 발

동되는 초유의 사태가 일어나기도 했습니다.

물론 이런 상황에서도 상승한 종목들은 있었습니다. 대부분 코로나 테마주라 불리는 종목들로 마스크, 진단키트, 백신과 치료제를 만드는 의약 산업에 속한 기업들이었습니다. 이들 기업 중 일부는 실제 큰돈을 벌지 못함에도 관련 업종이라는 이유만으로 주가가 크게 상승했습니다. 이들 기업에 투자해서 운 좋게 단기에 높은 수익을 본 투자자도 있겠지만 더 많은 투자자가 손실을 입었습니다. 이렇게 분위기에 휩쓸려서 하는 투자는 우리를 부자로 만들어주지 못합니다.

그럼 어떻게 투자해야 할까요? 시장 상황이 어렵더라도 혼란에 빠지지 않고 중심을 잡는 것이 중요합니다. 여기서 중심이라 함은 어떤 투자가 우리를 부자로 만들어줄지를 명확히 아는 것을 뜻합니다. 그리고 투자자가 부자가 되기 위해서는 향후 성장할 섹터를 찾고 그 안에서 부자가 될 기업을 찾아야 합니다.

2019년을 예로 들면 5G 섹터에 속한 기업들에게서 많은 기회가 있었습니다. 세계 최초 5G 개통을 시작하며 국내 통신사들의 설비투자가 큰 폭으로 이루어졌고 그로 인한 수혜 대상의 기업들이 많은 돈을 벌기 시작했습니다. 당연하게도 이 기업들은 놀라울 정도의 주가 상승률을 보여주었습니다.

저는 2018년 하반기부터 블로그를 개설해 향후 성장할 산업을 찾는 과정과 그 안에서 어떤 기업에 투자했는지 등을 공유하기 시작했습니다. 단순히 투자 종목을 점찍어주고 끝나는 게 아니라 실제로 제가 투자한 종목을 꾸준히 지켜보면서 손품과 발품을 팔며 얻은 정보들을 올리고 어떤 성장성이 있는지를 분석해 투자 일지를 적듯 기록했습니다.

블로그에서 처음 예측한 성장 산업이 바로 5G 섹터였습니다. 이 책에는 제가 어떻게 미래 성장 산업과 그 안에서 큰 이익을 거둘 회사를 찾았는지에 대해 자세하게 설명되어 있습니다.

5G 산업 다음으로는 어떤 산업이 우리를 기다리고 있을까요? 코로나19 사태로 소비와 투자에 큰 공백이 생겼기 때문에 단기적으로는 경기부양 수혜 섹터에서 반등이 나올 것입니다. 장기적으로는 여러 분야가 있겠지만 세계적인 성장 바람이 불 수 있는 곳은 자율주행 섹터라고 생각합니다. 자율주행 산업이 성장하면 그 안에 기업들의 수익이 높아지고 주가는 상승하겠지요. 이 책에서는 저의 투자 노하우뿐 아니라 이처럼 2~3년 뒤에 눈에 띄게 성장할 산업에 관해 분석한 내용도 담겨 있습니다.

물론 성장 산업에 속한 기업이더라도 코로나19 사태와 같은 급락장을 만나면 함께 하락할 수 있습니다. 하지만 이것은 기업 자체의 문제가 아닌 시장 전체의 문제이기 때문에 흔들리면 안 됩니다. 그리고 이럴 때일수록 기업이 어떻게 대처하는지를 지켜보면서 내가 계속 투자를 이어가도 좋을 회사인지를 가늠하는 것도 하나의 방법이 될 수 있습니다. 이런 상황에서도 해당 기업이 돈을 잘 벌고 있다면 시장이 잘될 때는 더 큰돈을 벌 수 있는 여력이 있는 회사임을 입증하는 것이니까요. 그러면 기업에 투자한 투자자도 함께 돈을 벌 수 있겠지요.

이전까지 저는 주로 온라인 카페를 통해 투자자들과 소통해왔습니다. 그러다가 투자 노하우와 종목에 대해 묻는 사람들이 많아졌고 제 생각을 정리해서 전할 수 있는 채널이 필요하다고 느꼈습니다. 그렇게 블로그를 시작했고, 곧 블로그에는 많은 개인투자자가 찾아왔습니다. 저와 같은 회사에 투자한 사람들은 제가 올리는 정보를 보며 투자에 대한 확신을 갖게 됐다고 기뻐했습니다. 이제 막 주식을 시작한 초보 투자자들은 저의 시장 예측이 들어맞는 것을 보고 주식시장을 읽는 눈이 뜨였다고 했습니다. 자신이 투자한 종목에 확신을 갖지 못하고 시세에 따라 사고팔기를 반복하던 투자자들은, 제 투자 노하우를 통해 어떻게 투자해야 하는지 배웠다고 했습니다. 투자한 기업은 다르지만 가치투자를 지향하는 투자자들은 주식시장이 흔들릴 때마다 제 투자 철학을 마음에 새기며 안정을 얻고 기다릴 수 있는 힘을 얻었다고 했습니다. 어느새 제 블로그는 개인투자자들 사이에서 투자가 무섭고 힘들어지면 찾아오는 안식처가 되었습니다.

투자자들의 뜨거운 호응을 얻었던 블로그의 글들을 다듬고 정리해 한 권의 책으로 엮었습니다. 이제까지 제가 맨몸으로 부딪치고 깨우친 주식투자의 핵심과 삶의 자세를 모두 이 책에 담았습니다. 실생활에서 작은 관심과 노력을 기울여 주식시장의 흐름을 읽는 눈을 키우는 방법, 내 전 재산을 믿고 맡길 회사를 찾는 방법, 온라인 게시판이나 투자 지표와 시세에 휩쓸리지 않고 투자의 원칙을 지키는 방법 등이 바로 그것입니다.

지금처럼 요동치는 시장에서는 어느 때보다 흐름을 읽는 눈이 필요합니다. 그리고 마음을 다스리고 제대로 된 투자 원칙을 지키는 뚝심도 필요합니다. 제대로 된 투자원칙이 무엇인지는 책을 읽고 나면 정립될 겁니다. 책에는 여기에 도움되는 이야기들이 가득합니다. 제가 걸어온 길이고, 제가 성공한 방법이기에 투자를 하는 사람에게 긍정적인 영감을 줄 수 있으리라 확신합니다. 모든 독자가 원하는 꿈을 이루는 데 이 책이 도움이 되기를 진심으로 바랍니다.

차례

제1장

퇴사 후 8년, 나는 주식으로 경제적 자유를 얻었다
: 선물주는산타의 부자 마인드

제1장

퇴사 후 8년, 나는 주식으로
경제적 자유를 얻었다

: 선물주는산타의 부자 마인드

66

꿈을 이루기 위해 필요한 것은 세 가지다.
매일 100번씩 꿈을 되새기는 꾸준함,
꼭 이루고 싶다는 간절함
그리고 반드시 해내겠다는 굳은 의지.
다행히 이 세 가지에는
돈이나 재능, 배경이 필요하지 않다.

99

가난한 아빠가
되고 싶지 않았다

돈이 없던 시절에도 책을 놓지 않았던 이유

20여 년 전의 일입니다. 어느 날 저는 서점을 방문했다가 우연히 눈에 확 띄는 빨간색 표지에 제목이 크게 들어간 《부자 아빠 가난한 아빠》라는 책을 발견했습니다. 로버트 기요사키가 쓴 이 책은 당시 '부자 아빠' 열풍을 불러일으켰고 지금까지도 스테디셀러입니다.

새로운 정보에 호기심이 강한 저는 그 책을 구입해 꼼꼼하게 읽어 내려갔습니다. 몇 번이나 머릿속에 섬광이 번쩍이는 경험을 하며 책을 다 읽고 나니 뒤통수가 얼얼해지는 느낌이었습니다. 돈과 부자에 관한 기존의 제 가치관과 커다란 차이를 느꼈으니까요. 그렇게 저는 돈과 부자의 개념을 다시 진지하게 성찰해보았고 이는 제 인생에 일대 전환기를 만들어주었습니다.

세이노_{Say No}라는 필명으로 〈동아일보〉에 연재된 '한국판 부자 아빠' 칼럼도 제 생각과 실행력을 한 단계 업그레이드해주었습니다. 어느 날 식당에서 밥을 먹다가 '세이노의 부자 아빠 만들기'라는 칼럼 제목이 눈에 띄어 읽었는데 그것이 제게 또 다른 측면에서 영향을 주었던 것입니다. 그 칼럼을 감명 깊게 읽은 저는 세이노의 다른 칼럼도 모두 찾아 읽었습니다. 독자의 눈과 귀를 사로잡고자 애쓰는 자극적인 신문 기사들을 뒤로하고 제 인생을 바꾸는 데 도움을 줄 만한 기사나 칼럼을 찾아 읽기 시작한 것이지요.

책 한 권 구입해 읽을 돈도 없던 젊은 시절에는 거의 매일 서점에 들러 한두 시간씩 서서 책을 읽었습니다. 고맙게도 공짜로 책을 읽을 수 있는 서점은 제게 천국이나 마찬가지였죠. 당시에는 어찌나 돈이 없었던지 돈 1만 원을 벌기 위해 집에 있는 책을 긁어모아 지하철을 두 시간이나 타고 가서 중고서점에 팔고 온 적도 있습니다. 신세가 처량하다 못해 비참할 지경이었지요. 그런 상황에서도 새로운 책을 읽는 것을 멈추지 않았습니다. 그리고 좌절감에 마음이 흔들릴 때마다 스스로를 다잡고 '반드시 이 가난을 끊어버리겠다'고 다짐했습니다.

'꼭 부자 아빠가 되어 내 자식들에게 부를 물려주고 주변 사

람을 도우며 사는 삶을 가르치겠다!'

이 굳은 결심 아래 저는 부자가 되고자 제 삶을 송두리째 바꾸는 노력을 기울이기 시작했습니다. 이후 저는 아르바이트와 일용직을 가리지 않고 부지런히 일하며 부자의 꿈을 키워갔지요.

기요사키와 세이노가 가르쳐준 부자의 길

틈나는 대로 읽은 책에서 제가 얻은 것은 아주 많지만 그중 크게 두 가지를 이야기하려 합니다.

첫 번째는 부자, 돈, 삶을 대하는 제 생각과 자세가 바뀌었다는 사실입니다. 저는 책에서 닮고 싶은 롤모델을 찾았고 그들은 제 삶에 긍정적인 영향을 주었습니다. 제게 좋은 영향을 준 글은 아주 많지만 그중 대표적인 것이 앞서 말한 로버트 기요사키의 책과 세이노의 칼럼 그리고 김승호 회장이 쓴《김밥 파는 CEO》입니다. 저는 저자들이 제안하는 다양한 방법과 교훈을 주는 여러 인물의 인생을 보며 그들이 걸어간 길을 따르고자 노력했습니다.

제가 생각하는 부자란 단순히 돈이 많은 사람이 아닙니다. 부자라면 적어도 자신뿐 아니라 인연이 닿은 주변 사람들에게 도움을 주거나 그들과 좋은 경험을 나눌 수 있어야 합니다. 제가 꿈꾸는 부자는 이런 모습이고 이것은 곧 제 궁극적인 삶의 목표입니다.

흥미롭게도 제가 부자를 꿈꾸던 시절에는 "나는 돈을 좋아해."라거나 "돈을 많이 벌어서 부자가 되고 싶어."라고 대놓고 말하기가 쉽지 않았습니다. 사람들은 부자가 되고 싶어 하고 돈을 많이 벌기를 바라면서도 그런 속내를 입 밖으로 내면 '돈만 밝히는 놈' 혹은 '속물'이란 시선을 보내며 천박하다고 생각하는 이율배반적인 행동을 보이곤 했습니다. 우리는 분명 자본주의 사회에 살고 있는데 말이죠. 물론 지금은 부자나 돈을 바라보는 시각이 많이 바뀌었습니다. 부자를 시기하는 시선은 여전히 남아 있지만 "부자 되세요."라는 말이 덕담으로 여겨지는 것을 보면 부富를 향한 가치관 자체에 변화가 온 것만은 확실합니다.

과거의 저 역시 부를 향해 열린 자세를 갖추지 못했습니다. 그런 제 생각을 완전히 뒤바꿔놓은 것이 앞서 말한 책과 칼럼 속의 부자들입니다. 그들은 '돈을 꿈꾸고 좋아하는 것은 물론 그것을 간절히 원해야 한다'고 주장했습니다. 오히려 가난한 삶을 아무렇지 않게 여기는 것이야말로 부자가 될 수 없는 태도임을 일깨워주었지요. 그때까지 제가 상식으로 여겼던 것이 실제로는 그렇지 않을 수 있음을 알고 저는 크게 한 방 얻어맞은 기분이었습니다. 그와 동시에 부자와 돈, 삶을 대하는 제 태도와 사고방식이 송두리째 바뀌었지요.

제 생각과 가치관은 점차 가난에서 탈출해 꿈을 이루는 쪽으로 방향을 틀기 시작했습니다. 지난 반평생 동안 저는 롤모델을 닮고자 노력해왔습니다. 일 잘하는 법과 몸값 올리는 방법을 연구했고, 나아가 수많은 재테크와 투자법을 배우고 경험하며 내공을 쌓았습니다.

자기 확신은 재능이나 노력보다 큰 힘을 발휘한다

책에서 얻은 것 중 두 번째는 제 인생과 미래를 확신하게 되었다는 점입니다.

현재 저는 제가 원하던 것을 대부분 이뤘습니다. 그 과정에서 저는 목표한 것을 이루는 방법과 현명한 투자 방식을 알아냈습니다. 그리고 지금은 또다시 새로운 목표를 세워 그것을 이루기 위해 노력하고 있습니다. 저는 앞으로도 제 가족과 지인의 삶이 더 윤택해지고 좋아질 것이라고 믿습니다. 그것을 어떻게 확신하느냐고요? 지금까지 제가 이뤄낸 것들이 증명하고 있기 때문입니다.

지구촌에서 주식투자로 가장 큰 부를 이룬 사람은 모두가 잘 아는 콜라 마니아 워런 버핏입니다. 그럼 과연 과거 수십 년 혹은 수백 년 동안 워런 버핏보다 더 재능이 뛰어나거나 노력을 많이 기울인 사람이 없었을까요? 숱한 책에 등장하는 인물들의 사례로 볼 때 워런 버핏 이전에도 주식투자의 귀재로 불린 사람은 많았습니다. 당연히 그들도 생애를 바쳐 주식투자를 공부하고 여기에 몰두했지요.

제가 주목하는 것은 그들 중 워런 버핏만큼 흔들림 없는 확신 아래 주식투자를 한 사람이 얼마나 될까 하는 부분입니다. 아마 그리 많지 않을 것입니다. 현재 자산이 약 100조 원에 이르는 워런 버핏은 수중에 돈이 많지 않던 20대 중반에 훗날 자신이 큰 부자가 되리라고 확신했습니다. 부자가 되었을 때 벌어질 일을 미리 걱정했을 정도로 자기 삶에 확신을 가졌다고 합니다.

비록 저는 워런 버핏에 비해 한참 부족하지만 저 역시 과거 어렵던 시절에도 미래를 확신했고 꿈이 명확했습니다. 외형상 제 처지는 딱할 지경이었으나 미래까지 힘들고 암울할 거라는 생각은 결코 하지 않았지요. 그 확신을 밑천 삼아 저는 삶이 힘들고 고달파도 매주 대형서점에 들러 좋은 책을 읽으면서 성공한 사람들, 제가 꼭 닮고 싶은 사람들의 조언을 되새기며 꿈과 의지를 불태웠습니다.

사람의 의지와 의식은 우리가 생각하는 것보다 허술하기 짝이 없습니다. 그래서 꾸준히 물을 주고 양분을 공급해야 단단해지고 여물어갑니다. 이것은 누군가가 대신 해줄 수 있는 것이 아니라서 스스로 찾고 배우고 다져가야 합니다.

결혼한 뒤 제게는 아내가 모르는 빚이 1억 원 정도 있었습니다. 당시에는 이자를 내는 것조차 버거웠지만 금세 갚을 수 있으리라는 확신이 있었습니다. 나중에 빚을 다 갚고 아내에게 빚이 있었음을 고백하자 왜 진작 말하지 않았느냐며 화를 내더군요. 부자가 된다는 확신이 있었기에 크게 걱정하지 않았다고 하자 아내는 헛웃음을 지으며 감탄했지요.

저는 경제적인 어려움이나 문제가 닥쳤을 때 '어떡하지?' 하면서 걱정하기보다 '어떻게 해야 더 잘될까', '어떻게 해야 수입이 더 늘어날까'를 생각했습니다. 오로지 제가 언제쯤 부자가 될 수 있을까만 궁금하게 여겼을 뿐입니다. 부자가 될 거라는 확신이 있었으니까요. 양서를 읽으면 자기 확신과 충만한 의지를 다지는 데 커다란 도움을 받습니다.

부자가 되는 가장 빠른 방법

지금까지 저는 지인들에게 감명 깊게 읽은 책과 칼럼을 수없이 권했습니다. 그런데 그들 중 인생이 바뀐 사람은 소수에 불과합니다. 왜 나머지 많은 사람의 인생은 달라지지 않은 걸까요?

결과는 마찬가지지만 이들은 두 부류로 나뉩니다. 하나는 애초에 제 말을 귓등으로 흘리고 추천한 책이나 칼럼을 읽을 생각조차 하지 않는 부류입니다. 다른 하나는 읽기는 하되 행동에 전혀 변화가 없는 부류입니다.

"그래서 어쩌라고! 당신이 부자가 되었다고 그게 쉬운 것처럼 말하는 거야?"

이렇게 투덜거리는 사람은 생각이 가난해 부자가 되겠다는 꿈마저 뜬구름 잡기로 만들어버리는 사람입니다. 그러니 인생이 바뀌지 않는 것이지요. 원하는 삶을 살려면 냉철함도 필요하지만 긍정적인 사고방식과 거기에서 나오는 커다란 힘을 확실히 믿어야 합니다.

적어도 이 책에서 언급하는 서적과 칼럼은 모두 읽어보기 바랍니다. 여기에 더해 아이쇼핑을 하듯 눈에만 담아두지 말고 마음으로 받아들여 행동으로 옮기십시오. 보고 듣고 배운 것을 실천하면 5년이나 10년 뒤 분명 삶이 눈에 띄게 좋아질 것입니다.

몇 개월이나 1~2년 해보고 바뀌지 않는다고 푸념하지 마십시오. 짧은 시간에 인생을 버라이어티하게 바꿀 수 있는 방법은 약 814만분의 1 확률이라는 로또 당첨밖에 없습니다. 이것은 80킬로그램짜리 쌀 한 가마니에 있는 800만 개의 쌀알 중에서 눈을 감고 하나를 골랐을 때 검은 쌀알을 집어낼 확률과 마찬가지라고 합니다. 더구나 부동산가격을 생각하면 지금은 몇억 원 정도로는 인생을 극적으로 바꾸기도 힘든 시대입니다.

그냥 정석으로 갑시다. 우선 롤모델을 정하고 그들의 '인생 DNA'를 받아들여 내 것으로 만드십시오. 그것을 가장 빠르면서도 저렴하게 해낼 수 있는 방법이 독서입니다. 같은 맥락에서 이 책 역시 독자의 삶을 더 윤택하고 풍요롭게 만드는 데 한몫할 것입니다. 제가 아는 내용을 빠짐없이 담았다는 점에서 저는 이것을 확신합니다.

내 진짜 종잣돈은
간절함이었다

원하는 것을 100번 말하는 힘

알고 있다시피 꿈을 꾼다고 다 이룰 수 있는 것은 아닙니다. 냉정한 말이지만 꿈을 이루는 사람보다 이루지 못하는 사람이 더 많습니다. 왜 많은 사람이 꿈을 이루지 못하는 걸까요?

제게도 국밥 한 그릇조차 사 먹을 돈이 없던 시절이 있었지만 저는 아무리 가난해도 꿈만큼은 꼭 간직하고 있었습니다. 사람들이 꿈을 이루지 못하는 이유는 다른 데 있지 않습니다. 바로 꿈을 꾸지 않기 때문입니다. 꿈이 없으면 당연히 꿈을 이룰 수 없습니다. 꿈을 이루고 싶다면 우선 내가 무엇을 간절히 원하는지 명확히 알아야 합니다.

한때 초베스트셀러였던 자기계발서 《시크릿》은 긍정적인 생각과 간절한 믿음이 만나면 강력한 힘을 발휘한다는 메시지를 담고 있습니다. 원하는 것을 구체적으로 그리면 그것이 이미 내게 있다는 생각과 느낌을 유발하고, 이를 현실화하도록 강한 힘을 발휘합니다. 한마디로 간절함이 행동에 추진력을 더해준다는 것이지요.

이를 위해 《시크릿》의 저자 론다 번은 원하는 것을 기록해 눈에 잘 띄는 곳에 두고 매일 생각하라고 권합니다. 그녀 자신도 아침마다 떠오르는 태양을 보면서 이루고자 하는 것과 목표를 생각하며 의지를 다진다고 했지요. 그 효과를 과학적으로 증명하기 어려워 여전히 미스터리로 남아 있긴 하지만 저는 개인적으로 시크릿의 힘을 믿습니다. 놀라운 사실은 시크릿의 힘을 믿고 실행하면 기적 같은 일이 벌어진다는 점입니다.

저는 꼭 이루고 싶은 것을 매일 100번씩 외치며 간절하게 생각했습니다. 벌이가 시원치 않아 빚을 잔뜩 짊어진 채 이자만 내고 있을 때도 '빚 없이 1억 원이 있으면 좋겠다!'를 매일 생각했습니다. 그리고 1억 원이 생긴 뒤에는 입버릇처럼 "내 자산은 10억 원이 된다."라고 말했습니다. 10억 원을 성취한 뒤에는 50억 원, 그다음에는 100억 원을 매일 생각하면서 목표를 이룰 때까지 외쳤습니다.

어느 날 제 딸이 이렇게 묻더군요.

"아빠는 왜 매일 같은 숫자를 말해요?"

그 숫자는 바로 제가 이루고자 하는 자산 목표였습니다.

"응, 그건 아빠가 이루고자 하는 목표야. 아빠의 꿈이지."

저는 목표와 꿈을 외치는 수를 정확히 헤아리기 위해 이지카운터라는 앱을 설치해 꿈을 외칠 때마다 스마트폰 액정을 한 번씩 터치했습니다. 목표 수치를 달성하면 앱의 바탕색이 바뀌는데, 100번을 외쳤을 때 배경의 색이 바뀌면 꿈이 이루어진듯 기분이 좋았습니다.

매일 자신이 원하는 것을 큰 소리로 외치는 것은 생각보다 커다란 힘을 발휘합니다. 매 순간 꿈을 생각하면 자신의 행동과 계획도 목표 달성을 위한 방향으로 흘러가고 자연스럽게 삶의 패턴과 자세도 바뀌어갑니다. 이것이 꿈을 이루는 과정에서 가장 중요한 단계입니다.

꿈을 이루는 세 가지 조건

우수한 두뇌를 타고났거나 배경이 좋으면 꿈을 이루는 과정에서 다른 사람들보다 첫 단추를 끼우는 데 유리할 수 있지만, 이점은 딱 거기까지입니다. 그 이후 가장 중요한 것은 그 사람의 열정과 간절함입니다. 좀 더 구체적으로 말하면 세 가지가 반드시 필요합니다. 그것은 매일 100번씩 크게 외칠 정도로 원하는 꿈을 되새기는 꾸준함, 꼭 이루고 싶다는 간절함 그리고 반드시 해내겠다는 굳은 의지입니다.

다행히 꾸준함, 간절함, 굳은 의지를 발휘하는 데는 돈이 들지 않습니다. 명석한 두뇌도 필요 없고 든든한 배경 역시 없어도 무방합니다. 첫 단추를 지나 다음 단추를 채우는 것은 순전히 그 사람의 인생관과 삶의 자세에 달려 있기 때문입니다.

하루에 100번조차 생각하지 않는다면 그것을 과연 그 사람이 간절히 이루고자 하는 꿈이라고 할 수 있을까요? 꼭 이루고 싶은 꿈이라서 진정 간절하다면 하루에 수십 번 이상 생각나는 것이 정상입니다. 그 정도로 떠오르지 않는다면 간절하다고 볼 수 없고, 간절함을 잃은 꿈 앞에서 굳은 의지를 발휘하는 것은 어렵습니다. 하루에 100번은 고사하고 10번도 생각나지 않는 꿈은 이뤄지지 않는 게 당연합니다.

제 관점에서는 이루고자 하는 열망이 하루에 10번도 생기지 않는 꿈이 이뤄지는 것이 오히려 이상한 일입니다. 흥미롭게도 꿈과 목표를 이루지 못해 세상이나 자신이 처한 환경을 탓하는 사람에게는 간절함도, 의지도 상당히 부족합니다.

부자가 되고 싶습니까? 그렇다면 자신이 가고자 하는 길을 앞서 걸어간 부자를 동경하십시오. 잘사는 사람, 사회적 지위가 있는 사람을 존경하고 그들의 방식을 추구하면 자신도 그 자리로 올라설 수 있습니다. 사고방식, 가치관, 마음자세 등이 그들을 닮아가면서 비슷한 삶을 살 수 있는 것입니다. 즉, 그들과 비슷해질 확률이 높아집니다.

꿈을 실현하기 위해 하루에 수십 번씩 되뇌면 삶이 그것을 이루는 방향으로 흘러갑니다. 동시에 닮고자 하는 사람의 삶을 동경하고 존경하는 마음이 생기면서 결국 자신도 그 사람을 닮아 꿈을 실현합니다. 이 과정을 정확히 인지하고 있어야 합니다.

저는 항상 이루고자 하는 것을 말하고 그것을 이룬 모습을 상상하며 의지를 불태웁니다. 이것은 저뿐 아니라 이미 성공한 사람들이 하나같이 보여주는 공통적인 모습이기도 합니다.

늘 긍정적인 생각을 유지하고 희망을 품으십시오. 왜 그래야 하느냐고요? 부정적인 생각과 비관적인 시각은 우리가 행동하는 것을 가로막기 때문입니다. 설령 행동을 하더라도 불평불만에 휩싸여 간신히 꿈지럭거리는 수준으로 움직이는 탓에 원하는 결과를 기대하기 어렵습니다. 반대로 좋은 생각과 좋은 마음으로 행동하는 사람은 적극적이고 활발하게 움직여 좋은 결과를 낼 확률을 높입니다.

컴퓨터 용어에 '쓰레기를 넣으면 쓰레기가 나온다'는 말이 있습니다. 이것은 우리의 생각과 의지도 마찬가지입니다. 긍정은 부정보다 훨씬 더 높은 확률로 탁월한 결과를 냅니다.

못해서 안 하는 게 아니라 안 하니까 못한다

고 정주영 회장은 그날 할 일이 즐거워 기대와 흥분으로 설레는 마음에 오전 3시에 일어난 것으로 유명합니다. 특히 머릿속으로만 이런 저런 계산을 하며 망설일 뿐 좀처럼 실행하지 않는 사람들을 향한 그의 일갈은 지금도 많은 사람의 입에 오르내리고 있습니다.

"임자, 해봤어?"

어떤 상황에서도 할 수 있는 이유를 찾아 실행에 옮기는 사람과 하기 어려운 이유를 찾는 사람의 인생이 어떻게 흘러갈지는 제가 굳이 많은 사례를 들지 않아도 충분히 이해하리라고 봅니다.

정말로 바라고 원하는 것이 있다면 그것을 하루에 100번씩 외치며 꿈을 향해 나아가십시오. 저는 지금도 원하는 것을 하루에 100번씩 외치면서 의지를 다지고 늘 목표 지향점을 놓치지 않으려 노력합니다. 그 덕분인지 삶을 돌아보면 제가 과거에 100번씩 외치던 것을 거의 다 이뤘습니다. 달성하기 어려워 보이던 일이 결국은 현실로 이뤄지는 놀라운 경험도 했습니다.

저를 믿고 한번 실천해보십시오. 처음에는 다소 어색할 수도 있지만 익숙해지면 오히려 하지 않으면 입 안에 가시가 돋는 느낌이 들 것입니다. 간절하게 바라고 원하는 대로 삶이 흘러갈 것이라고 믿으십시오. 설사 뜻대로 되지 않는다고 해도 잃을 것은 하나도 없습니다. 아니, 인생이 나아지도록 무언가를 했으니 본전을 넘어 그 이상을 챙긴 셈입니다.

쉽게 이루어지는 꿈이란 없습니다. 간절함을 가지고 애써 노력해야 이룰 수 있는 것이 바로 진정한 꿈입니다. 매일 100번 이상 꿈을 외치면 어느 순간 원하는 바를 이루기 위해 노력하는 자신을 발견하는 것은 물론 신기하게도 주변에서 그 일을 성취하는 데 도움을 주는 일이 생깁니다. 실제로 저는 이런 경험을 정말 많이 했습니다.

이 책도 우연히 나온 것이 아닙니다. 사실 저는 10여 년 전부터 책을 내겠다는 목표를 세웠습니다. 하지만 출간을 다짐하던 무렵에는 제가 책을 쓸 만한 위치에 있지도 않았고 돈은 더더욱 없었습니다. 그런 상황에서도 저는 10년 후쯤 자격을 갖추면 제 경험을 책으로 엮어 사람들에게 도움을 주겠다는 다짐을 했습니다. 당시 제 다짐은 상당히 구체적이었지요.

"지금부터 10년 뒤 내가 원하는 성공을 거두고 원하는 출판사와 계약해 책을 출간하겠다!"

재밌게도 제가 책을 내기 위해 출판사와 접촉하고 원고를 계약한 시점은 정확히 제가 마음속으로 다짐하고 기다려온 10년이 되는 해였습니다. 10년 전의 구체적인 다짐대로 제 꿈을 현실화한 것입니다.

당연한 얘기지만 아무런 노력도 기울이지 않고 막연히 꿈만 꾸면서 그것이 이뤄질 것이라고 생각하지는 마십시오. 지금의 제 모습은 과거에 제가 기울인 노력의 결과물입니다. 앞으로의 인생도 제가 지금 하는 말과 생각 그리고 무엇보다 행동이 결정할 것입니다.

제게는 지금도 간절하게 이루고 싶은 꿈이 두 가지 있습니다. 저는 그것을 이루기 위해 매일 노력하는 동시에 하루도 빠짐없이 그 꿈을 외치고 있습니다. 누군가는 지금의 관점에서 그 꿈을 두고 이루기 힘들 거라고 생각할지도 모릅니다. 그렇지만 저는 반드시 이룰 수 있다고 확신합니다.

저는 보다 많은 사람이 그 힘을 느껴보길 바랍니다. 원하는 꿈, 갖고 싶은 것, 자산의 액수를 정확히 말하십시오. 가난에서 벗어나 부자로 살아가겠다고 외치십시오. 분명 놀라운 일이 펼쳐질 것입니다.

단, 말과 외침에 머물지 말고 반드시 실천해야 합니다. 생각으로 수백 층의 탑을 쌓는 것보다 행동으로 돌덩이 하나를 올리는 것이 더 낫습니다. 우리는 눈에 보이지 않는 생각이 아니라 손에 잡히는 결과를 양식으로 삼아 살아갑니다. 행동 없는 결과는 없습니다.

경제적 자유를
이루었다고 느꼈을 때

100억 원을 번다는 것

물질이 풍요로운 세상이라 그런지 이제 '억'이란 단위가 우리에게 익숙하게 느껴집니다. 더구나 부동산이나 주식과 관련해 유튜브, 방송, 책 등 수많은 매체에서 이목을 끌려는 경쟁이 치열하다 보니 100억마저 가볍게 다룹니다.

'빈손으로 시작해 100억 원을 벌었다!'

10억, 100억 같은 숫자가 어찌나 동네북처럼 다뤄지는지 별것 아닌 것처럼 말하는 사람도 있습니다. 이제 억이 붙은 숫자는 '많다'는 의미를 상징하는 관용어가 돼버렸는지도 모릅니다. 그런데 그 상징을 너도나도 끌어다 쓰면서 대단한 숫자가 맹숭맹숭한 숫자로 전락해버린 것이지요.

하지만 곰곰이 생각해봅시다. 100억 원을 번다는 건 어떤 의미일까요? 저도 이렇게 말할 수 있었으면 좋겠습니다.

"부모님이 주신 이만큼의 돈으로 시작했습니다!"

안타깝게도 저는 정말로 무일푼이었습니다. 하루 벌어 하루 먹고 산다는 말을 늘 실감하면서 젊은 시절을 고되게 보냈지요. 부모님과 함께 살면서도 스무 살 이후에는 대학 등록금을 비롯해 숙식을 제외한 모든 비용을 스스로 부담했습니다. 결혼 자금이나 신혼집을 마련하는 일도 가족의 도움 없이 제가 해결했고요. 형편이 그렇다 보니 돈을 모으기는커녕 늘 돈이 부족했고 종잣돈을 마련하기가 하늘의 별 따기처럼 여겨졌습니다.

그래도 투자하지 않으면 언제나 제자리걸음은 고사하고 뒤처지고 만다는 생각 하나는 꽉 붙잡고 있었습니다. 덕분에 20대 초반부터 아르바이트를 해서 월 50만~60만 원을 벌며 최소한의 생활비만 빼고 몽땅 주식에 투자했습니다. 어쩌다 좋은 기회를 잡아 예상 외의 수익이 생기더라도 여행을 가거나 평소 사고 싶던 물건을 구입하는 데 돈을 쓰지 않고 다시 투자를 했지요.

친구들이 젊음을 발산하며 현재의 삶을 즐기는 데 만족할 때 저는 늘 일과 투자 그리고 새로 투자할 기업을 찾는 데 하루 24시간을 쏟아부었습니다. 한 방울의 물도 쉬지 않고 떨어지면 바위도 쪼갤 수 있는 것처럼 투자의 물꼬를 단 한 번도 막지 않은 저는 어느새 1억 원이 넘는 빚도 다 갚고 100억 원 수준의 자산을 만들어냈습니다.

누구나 처음엔 크든 작든 종잣돈으로 시작합니다. 제게 전 재산이나 다름없던 8000만 원으로 시작한 원금이 1억 원이 되었을 때 느꼈던 감정이 지금도 잊히지 않습니다.

'아, 내게도 1억 원이란 현금이 생겼구나!'

숫자를 보고 또 봐도 꿈만 같았습니다. 잔고를 보면서 숫자 '1'에 동그라미가 몇 개 붙었는지 헤아리며 보고만 있어도 마냥 행복감에 젖었던 기억이 납니다. 돈으로 행복을 살 수 없다고요? 살 필요 없습니다. 잔고가 풍성하면 저절로 행복해지니까요.

자산이 10억 원으로 늘어났을 때는 이런 생각이 들었습니다.

'내가 정말 부자가 되었구나!'

어찌나 신이 나던지 운전을 하면서도, 길을 걸으면서도 온통 머릿속엔 10억이라는 숫자가 왔다 갔다 했습니다. 제 손으로 0부터 시작해 모은 돈이니 얼마나 기뻤겠습니까. '드디어 내게도 10억 원이 생겼다!', '세상에, 내가 10억 원을 벌었어!'라고 속으로 환호성을 지르며 마냥 즐거워했지요.

하지만 저는 한동안 그 기쁨을 혼자서 누렸습니다. 가족을 비롯해 누구에게도 말하지 않았습니다. 목표를 이룬 저를 스스로 축하하고 미래의 더 큰 부를 꿈꿨습니다. 여기에는 제 나름의 걱정과 배려가 담겨 있었습니다.

주변에서 누군가가 돈을 벌었다는 소문이 들려오면 겉으로 내색하지는 않지만 내심 배가 아픈 게 사실입니다. 은근히 부아가 치밀고 시기심이 들기도 하지요. 그것도 물건을 많이 팔거나 사업이 잘나가서 돈을 번 게 아니라 투자를 잘해서 벌었다고 하면 진심으로 축하해주기보다 부러운 생각에 심사가 꼬이게 마련입니다. 더러는 자신의 현실을 돌아보면서 '왜 나는 그렇게 하지 못했나' 하며 삶을 비관하는 사람도 있습니다. 강남의 배추밭이 헐값일 때 투자하지 못한 걸 지금까지도 후회하는 사람이 얼마나 많습니까?

아내에게 잔고를 보여준 것도 현금 자산이 70억~80억 원에 도달했을 때였습니다.

투자 지식이나 경험만으로는 부자가 될 수 없다

저는 무일푼을 넘어 한때의 투자 실패로 억 단위 빚을 떠안는 바람에 잠시 극단적인 생각까지 했던 평범한 사람입니다. 현장에서 온몸을 던져 바닥부터 올라온 사람으로서 '나 같은 사람도 잘될 수 있다'는 것을 보여주고 많은 사람에게 용기와 희망을 주기 위해 이 책을 쓴 것이지요.

대한민국에 저보다 더 뛰어난 투자 지식과 경험을 갖춘 사람이 없겠습니까? 당연히 무수히 많습니다. 그럼 그들 모두 부자가 되었을까요? 그렇지 않습니다.

사람들은 제가 단순히 투자를 잘해서 혹은 종목 몇 개를 잘 맞혀서 부자가 된 것으로 압니다. 지난 수십 년간 제가 어떤 가치관 아래 어떤 삶을 살아왔는지 아는 사람은 거의 없지요. 주식투자에서 실력은 부분적으로 기여할 뿐 성공을 크게 좌우하는 요소가 아닙니다.

주식시장에는 저보다 실력이 뛰어난 사람이 아주 많습니다. 그러나 제 가치관과 삶의 자세까지 닮거나 저를 앞서는 사람은 비록 통계를 내본 것은 아니지만 소수일 것입니다. 그것은 결과가 말해줍니다. 장밋빛 성공담이 숱하게 떠돌아다니긴 해도 그 실체를 파헤치면 실상은 그렇지 않다는 것을 다들 알고 있을 겁니다.

지식만으로는 부자가 될 수 없습니다. 지식만으로 부자가 된다면 오늘도 전국에서 우수한 두뇌를 번뜩이며 제자를 길러내고 있는 사람들은 죄다 부자여야 맞지요. 부자가 되려면 지식에 앞서 삶의 태도와 자세를 올바로 갖춰야 합니다. 바로 이것이 핵심입니다.

투자 지식을 쌓기 위해 책을 읽고 공부를 많이 해서 지식의 총량과 깊이를 아무리 늘려도 올바른 삶의 태도를 갖추지 않으면 원하는 것을 이루기 어렵습니다. 여기서 '올바른'은 주관적인 판단 기준입니다. 다시 말해 내가 올바르다고 생각하는 것과 다른 사람이 올바르다고 여기는 관점은 다를 수 있지요.

제가 생각하는 '올바른'은 다른 사람과 함께 행복과 즐거움을 나눌 수 있는 부자로 가는 길에 필요한 조건을 의미합니다. 저는 나눌 수 있는 사람이야말로 진정한 부자라고 봅니다. 아무리 부를 많이 쌓아도 나눌 줄 모르는 사람은 그저 졸부에 불과합니다.

올바른 삶의 자세가 부를 부른다

사회생활을 하다 보면 더러 사람이나 기업과 '돈' 문제로 얽히기도 합니다. 이럴 때 돈 문제는 그야말로 깔끔하게 정리해야 합니다. 돈 계산이 허술하고 두루뭉술한 사람치고 남에게 환영받는 사람을 못 봤습니다.

저는 돈 한 푼 없고 이자를 내는 것조차 버거울 때도 주변에 만 원한 장 빌려본 적이 없습니다. 낮에 일해 번 돈으로 생활비와 이자를 낼 돈이 부족하면 밤에 또 다른 일을 해서 그 돈을 메웠습니다. 어떻게든 일을 해서 충당했기 때문에 제 평생 이자나 세금을 단 한 번도 연체해본 적이 없지요.

너무 고지식하다고 여길지도 모르지만 저는 하루라도 돈을 늦게 내거나 연체하면 해당 신용카드와 기업체에 피해를 주는 것이라고 생각했습니다. 그래서 결단코 그런 일이 생기지 않게 하겠다는 다짐으로 잠을 줄여서라도 일을 더 했습니다. 타인이나 기업과의 약속을 제 목숨처럼 여겼기 때문입니다.

다른 사람은 어떨지 모르겠지만 저라면 손해를 끼치느니 차라리 제가 손해를 보겠습니다. 저는 인생게임에서 그것이 오히려 남는 장사라고 생각합니다. 여기서 더 나아가 손해를 보더라도 베풀고 싶습니다. 참 특이한 인생관이라고요? 이유는 모르겠지만 저는 그래야 마음이 더 편하고 행복합니다.

지갑이 텅 비어서 밥 한 끼 사 먹을 돈조차 없을 때는 혹시라도 민폐를 끼칠까 싶어 아예 사람을 만나지 않았습니다. 일과 사업에서는 상대에게 6을 주고 제가 4를 갖는 원칙을 세워 실행했지요. 기본적으로 제가 덜 갖고 좀 손해를 보는 쪽으로 지내온 것입니다.

그런데 재밌게도 '내가 좀 손해를 보겠다'는 자세로 살아가면 오히려 제가 도움을 받는 경우가 많습니다. 인생을 길게 내다보면 당장 더 갖겠다고 아우성치는 사람보다 느긋하게 내줄 줄 아는 사람이 더 많이 얻습니다.

일단 돈을 넉넉히 벌면 돈을 써야 하는 순간 다른 사람의 몫까지 부담 없이 내주는 행복을 맛볼 수 있습니다. 제게는 그 순간이 가장 행복합니다. 지금도 제가 책을 쓰고 블로그를 운영하는 이유는 누군가에게 도움을 준다는 점에서 커다란 행복감을 느끼기 때문입니다.

그렇다고 제가 만만한 '호구'인 것은 아닙니다. 제가 주고 싶어서 주는 돈은 100만 원도 아까워하지 않지만 상대가 제게 빌려간 것은 단돈 1000원도 정확히 돌려받습니다. 만약 누군가가 저와 제 지인을 이용하려 하거나 그럴 의도로 접근할 경우에는 가혹할 정도로 냉정하게 대합니다.

언제든 주고받는 계산은 정확히 하십시오. 빌린 것은 반드시 약속대로 돌려주고 상대가 너그럽게 베푸는 것은 감사히 받으면 됩니다. 이것이 제가 생각하는 '올바른' 삶의 자세 중 하나입니다. 적어도 행복을 나누며 즐겁게 살아가는 부자를 꿈꾼다면 이런 기본자세부터 갖춰야 합니다.

진정한 파이어족을 위한
투자의 기본

직업 선택과 주식투자의 공통점

얼마 전 남들의 기준으로 볼 때 노총각으로 불릴 만한 제 조카를 만나 함께 식사를 했습니다. 조카가 아직 뚜렷하게 자기 일을 찾지 못한 상태라 저는 조심스레 물었습니다.

"오랜만이구나. 어떻게 지내니?"

조카는 대충 얼버무리며 계약직, 임시직으로 몇 개월씩 떠돌고 있다고 했습니다. 대한민국 역사상 가장 똑똑하고 스펙이 화려하다고 알려진 지금의 젊은이 중에는 이처럼 정착할 곳을 찾지 못해 떠도는 사람이 아주 많습니다.

일단 조카에게 물었습니다.

"네가 잘하는 게 뭐니?"

아쉽게도 조카는 자신이 잘하는 것과 좋아하는 일을 혼동하고 있었습니다. 직업을 선택할 때 고민해야 하는 것은 좋아하는 일을 찾는 게 아닙니다. 적어도 직업으로 삼으려면 자신이 가장 잘하는 일을 찾아야 합니다. 좋아하는 일은 어디까지나 취미로 하는 것이지요. 물론 잘하는 일과 좋아하는 일이 같으면 그야말로 금상첨화지만 그것이 아니라면 잘하는 분야에서 직업을 찾아야 합니다. 그래야 기대하는 성과를 올릴 수 있습니다.

또한 직업을 선택할 때 그 일에서 얼마를 벌 수 있는가를 선택 기준으로 삼으면 안 됩니다. 그보다 더 중요한 것은 '그 일이 훗날 내가 성장하는 데 필요한 디딤돌이 되어줄 수 있는가'입니다.

20대 후반에 저는 집에서 두 시간 거리에 있는 곳으로 일하러 다녔습니다. 지하철을 네 번 갈아타고 지하철에서 내린 뒤에도 30분쯤 걸어가야 하는 곳이었지요. 주 6일을 근무하고 당시 제가 받은 급여는 세후 103만 원이었는데 한 달 교통비와 점심 식대도 사비로 내야 했습니다.

그러니까 교통비와 식대를 제외하면 50만 원 남짓 손에 쥘 수 있었지요. 그 50만 원으로 제게 한 달 동안 필요한 통신비, 용돈, 의류비 등 모든 생활비를 충당해야 했습니다. 가까운 곳에 한 달 200만 원 이상 벌 수 있는 일자리도 있었습니다. 그런데 왜 저는 왕복 네 시간 거리에다 벌이도 시원치 않은 곳을 다니며 사서 고생을 했을까요?

과거에 급여를 받으며 일하던 시절 저는 급여를 우선순위에 둔 적이 한 번도 없습니다. 제가 직업을 선택하면서 최우선순위로 고려한 것은 '무엇을 배울 수 있는가'와 '앞으로 하고자 하는 일에 어떤 도움을 받을 수 있는가'였습니다. 한마디로 제 성장에 초점을 맞춘 것입니다.

직업을 선택할 때 고려한 것은 몸값이 올라갈 만큼 나 자신을 업그레이드할 수 있는가가 전부였습니다. 은행잔고를 얼마나 채워줄 수 있는가는 결코 제 선택 기준이 아니었지요. 당시에는 왜 사서 고생을 하느냐고 주변에서 핀잔을 주었지만 저는 그렇게 쌓은 커리어 덕분에 다음 직장을 수월하게 선택했고 연봉도 직급 내에서 가장 많이 받았습니다. 당장의 연봉이 훗날 자신을 성공으로 이끌거나 부자로 만들어주는 것은 아닙니다. 그 일이 내게 돈 이외에 무엇을 줄 수 있는가를 생각해봐야 합니다.

저는 지금의 제 모습은 과거에 제가 선택한 결과물이라고 생각합니다. 과거에 힘들고 어려운 길을 마다하지 않고 경험을 쌓으면서 성장할 기회를 선택했기에 지금 제가 인생과 일, 재테크에서 막힘없이 조언을 할 수 있는 것이라고 봅니다. 부끄럼 없이 단언하건대 저는 지금까지 치열하게 노력했고 빈손을 넘어 빚더미를 딛고 원하던 것을 이뤄냈습니다.

당장의 이익보다 미래의 이익을 보라

멀리 내다보고 선택 기준을 세워 오늘의 고생을 마다하지 않는 자세는 투자에도 고스란히 적용됩니다. 당장의 이익만 고려하거나 단순하게 가격이 낮은 종목을 사는 획일적인 가치평가는 올바른 의사결정에 조금도 도움을 주지 않습니다. 회계 지식이나 기술적 분석 능력에 답이 있을 거라는 생각도 잘못 짚은 것입니다.

저 역시 처음 투자할 때만 해도 제 나름대로 공부를 많이 했다고 생각했으나 지금 돌이켜보면 마치 선무당처럼 기술적 분석에 매달려 어설픈 가치투자를 했다는 것이 확연히 보입니다. 그 가치투자도 소위 말하는 헛똑똑이 투자자들의 투자 방식을 따라 하는 수준이었습니다. 헛똑똑이란 이런저런 가치투자 지식을 조금 쌓고는 고수라도 된 양 훈수를 두지만 정작 자신도 그렇게 투자해서 성공하지 못한 투자자를 말합니다. 이들은 다른 사람의 투자 방법론이나 타인이 분석해놓은 종목을 두고 이렇다 저렇다 참견하기를 좋아합니다.

언뜻 보기에는 무언가 많이 아는 것 같지만 좀 더 대화를 나눠보면 몇몇 책에 나오는 내용을 암기한 정도의 지식밖에 없습니다. 여기에다 매너리즘에 빠져 다른 사람의 이야기에는 거의 귀를 기울이지 않으면서 많이 아는 척을 합니다. 이런 사람은 온라인 주식 카페나 증권 토론방에 가면 자주 만나볼 수 있습니다.

헛똑똑이는 기업 분석에서 정말로 중요한 것이 무엇인지 알지 못합니다. 그래서 기존에 나와 있는 책 내용과 학교에서 배운 지식을 기반으로 투자를 합니다. 저도 처음에는 제 나름대로 원칙을 세우고 가치투자를 한다고 생각했습니다. 한데 그 원칙이란 것이 분석할 때마다 바뀌었고 결국 일관성 없는 투자를 해온 꼴이었습니다.

더 황당한 것은 제가 그들과 같은 수준에서 비슷한 투자를 답습하면서도 그런 줄을 몰랐다는 사실입니다. 저는 제가 그들과 다르다고 생각했습니다. 정말 무지했지요. 시간이 흐른 뒤 제가 흔들리지 않는 원칙을 세우고 그것을 적용해 일관성 있게 수익을 내기 시작한 시점은 지금으로부터 8~9년 전입니다.

투자자로 성공하고자 한다면 우리가 투자하는 시장 생태계가 어떻게 만들어지고, 그 안에서 꾸준한 수익을 올리기 위해서는 어떤 관점으로 접근해야 하는지 깨달아야 합니다. 간단하게 말하자면 '기업을 인수한다'는 생각으로 접근하면서 모든 것을 종합적으로 고려해야 합니다. 그렇게 정립한 일관성 있는 투자가 지금 제가 누리는 부를 만들어주었습니다.

제2장

투자 그릇을 키우니
비로소 자산의 크기가 커졌다

: 선물주는산타의 투자 마인드

66

주식은 예체능 영역이라
과거에 널리 퍼진 방법이 꼭 정답은 아니다.
성과가 좋게 나오는 방법이 바로 정답이다.

99

주식
함부로 권하지 마라

가까운 사람일수록 주식을 권하지 않는 이유

저는 개인적으로 친한 지인뿐 아니라 가까이에서 챙겨주고 싶은 친인척에게도 주식 이야기를 거의 하지 않습니다. 특히 가족에게는 아예 하지 않지요. 제 지식을 나눠주었다면 지난 10년 동안 그들도 함께 수익을 냈을 수도 있지만 저는 별다른 이야기를 하지 않았습니다.

외부에서 누군가를 만날 때도 마찬가지입니다. 누군가와 식사를 하거나 어떤 자리에 참석했을 때 설령 그곳에서 주식 이야기가 나와도 저는 선뜻 끼어들지 않습니다. 제가 주식투자로 높은 수익률을 올린다는 것은 물론 투자 경험이 많다거나 심지어 투자를 한다는 것조차 아예 드러내지 않는 경우도 많지요.

지금도 제 가족과 지인은 대부분 재테크의 도움을 받지 않고 열심히 일해서 벌어들인 돈으로 생활하고 있습니다. 제가 가족이나 지인이 부자가 되는 것을 원치 않아서 주식 이야기를 하지 않은 것은 아닙니다. 블로그나 책으로 제 지식과 경험을 나누는 것에 거리낌이 없는 제가 오랫동안 알고 지내온 가까운 사람에게 이야기하지 않을 이유는 없지요.

그런데 왜 입을 꽉 다물고 있었을까요?

제가 주식 이야기를 하지 않은 이유는 간단합니다. 상대가 주식투자를 할 그릇이 아니라고 판단했기 때문입니다. 내 가족이고 나와 가까운 사람이다 보니 저는 누구보다 그들의 성향을 잘 알았고 단순히 종목만 알려주는 것으로는 그들이 부자가 될 수 없음을 간파하고 있었습니다. 더욱이 주식으로 돈을 불리는 맛을 좀 보면 본래의 자기 일에 집중하지 못하고 주식을 업으로 삼으려 쉽게 덤벼들다 낭패를 볼 수도 있었지요.

반면 블로그나 책으로 주식을 접하는 사람은 투자에 관심이 많고 어느 정도 투자 위험을 감수할 자세를 갖추고 있습니다. 즉, 이들은 이미 일정 수준의 그릇으로 성장한 사람입니다. 저는 단지 제가 그 그릇을 조금 넓혀주고 다듬어주는 정도의 역할은 할 수 있으리라고 본 것뿐입니다.

제가 제 경험과 지식을 나누면 다른 사람들이 제가 과거에 저지른 시행착오와 어려움을 덜 겪겠지요. 그렇게 다른 사람들이 도움을 받는 모습을 보는 것이 제게는 크나큰 행복과 즐거움입니다. 한데 안타깝게도 가족에게 주식 이야기를 하면 그런 행복을 누리기가 어렵습니다. 가족은 가족이라서 편하다 보니 시시콜콜 질문하고 따지고 간섭을 합니다. 그것은 보통 즐거움보다 스트레스로 다가오게 마련입니다. 특히 저는 혼자 조용히 생각할 틈을 주지 않고 시시각각 간섭하는 것을 몹시 싫어하는 터라 가까운 사람에게는 더욱더 입을 다물었습니다.

왜 큰돈은 더 쉽게 사라지는 것일까

많은 사람이 주식투자에서 돈을 잃는 이유는 돈을 벌려고 주식을 고르기 때문입니다. 자신의 자산을 지킨다는 생각으로 혹은 원금을 잃지 않겠다는 생각으로 투자하면 잃지 않고 법니다. 그런데 이 간단한 원리를 이해하고 마음으로 받아들이기까지 보통 10~20년의 시간이 필요합니다.

자, 여기 종잣돈 2000만 원을 가지고 주식투자를 시작한 투자자가 있다고 해봅시다.

"2000만 원을 5000만 원으로 만들겠다!"

종잣돈 2000만 원으로 주식을 시작한 투자자는 얼마 만에 150퍼센트의 이익을 올려 5000만 원을 만들 수 있을까요? 레버리지를 이용하고 급상승 종목에 제대로 올라탄다면 목표 달성이 어렵지 않을지도 모릅니다. 우연이든 실력이든 일시적으로 5000만 원을 만드는 것은 가능합니다. 문제는 5000만 원을 지키는 데 있습니다. 안타깝게도 5000만 원을 유지하는 건 생각만큼 쉽지 않습니다.

설령 운이 좋아서 5000만 원으로 돈을 불렸더라도 다시 1억 원에 도전하다가 5000만 원을 유지하긴커녕 자산이 4000만 원, 3000만 원으로 점차 줄어들어 본래의 자리로 돌아올 확률이 높습니다. 더 운이 좋아서 1억 원까지 곧바로 성공하더라도 투자자가 그 돈을 모두 인출하지 않는 이상 본래의 자산으로 내려갈 가능성이 훨씬 큽니다. 이런 모습은 주변에서 흔히 접할 수 있고 저 역시 그런 일을 경험했습니다.

왜 이런 일이 벌어지는 걸까요?

그 이유는 투자자의 투자 그릇 크기가 자산 증가분만큼 커지지 않은 상태에서 갑자기 돈만 불어났기 때문입니다. 이는 복권에 당첨되어 하루아침에 큰돈을 손에 쥔 사람들이 오히려 돈을 탕진하고 불행해지는 것과 같은 이치입니다.

어쩌면 행복하게 잘 살아가는 당첨자 사례보다 불행한 사례가 더 부각되어 그렇게 보이는 것인지도 모르지만 느닷없이 들어온 돈을 잘 관리하는 것은 실제로 쉽지 않습니다. 자신의 투자 그릇은 여전히 작아 아직 큰돈을 담을 정도가 아닌데 갑자기 많은 돈이 생기면 그 돈을 감당하지 못해 흘러넘치고 맙니다. 준비되지 않은 상태, 즉 아직 그릇을 키우지 못한 상태에서 하루아침에 분에 넘치게 받을 경우 이를 주체하지 못해 삶이 이전보다 더 어려워지기 십상입니다.

자산의 크기를 키우려면 먼저 경험과 내적 성장으로 투자 그릇의 크기를 키워야 합니다. 그릇이 작을 경우 흘러넘쳐 처음의 자리로 돌아오고 맙니다. 자신의 그릇 수준에 맞춰 자산이 줄어드는 것입니다. 2000만 원밖에 담을 수 없는 그릇인데 운 좋게 수익이 나서 1억 원이 되었다면 그 돈을 어떻게 감당하겠습니까. 5000만 원조차 담을 수 없는 그릇이니 1억 원이 생기면 당연히 그 돈은 조만간 사라지고 말지요.

부는 투자 그릇만큼 담을 수 있다

만약 투자 그릇 크기가 5000만 원을 다룰 정도의 내적 성장을 이룬 상태라면 5000만 원을 계속 유지할 수 있습니다. 그렇게 그릇을 키운 다음에는 다시 1억 원에 도전할 수 있지요. 이처럼 점차 자산을 키우면서 그릇 크기를 키우는 과정을 반복해야 합니다. 1억 원에서 우연히 종목을 잘 선정해 5억 원으로 갔는데 그것을 담을 그릇을 키우지 못했다면 잔고는 다시 5억 원에서 3억 원, 2억 원, 1억 원으로 점점 줄어듭니다.

저도 처음 8000만 원에서 2억 원으로 가는 과정이 굉장히 힘들었습니다. 간신히 2억 원을 만들면 다시 내려오고 또다시 힘들게 올라가면 역시나 내려왔지요. 심지어 원금 근처까지 내려오는 바람에 허탈감을 느끼기도 했습니다. 다행히 내적 성장이 이뤄지고 2억 원을 다루는 것에 능숙해지는 시기가 오자 시장 상황이 아무리 어려워져도 2억 원을 계속 지켜낼 수 있었죠.

그다음 고비는 5억 원이었습니다. 5억 원에서 미끄러지고 다시 올라갔다가 또 미끄러지기를 반복했지요. 지금은 제 인생에서 가장 많은 돈을 다루고 있지만 예전에 10억~20억 원을 운용할 때보다 훨씬 더 자연스럽고 쉽게 느껴집니다.

액수가 커졌음에도 불구하고 과거보다 쉽게 느껴지는 이유는 지난 경험을 바탕으로 더 많은 금액을 다뤄도 될 만큼 제 그릇이 커졌기 때문입니다.

사실 저는 처음 10억 원을 만들었을 때가 가장 기뻤습니다. 그때야말로 제가 정말로 부자가 된 것 같았고 세상을 다 가진 듯한 기분이었습니다. 마음이 그때만큼 들뜬 적이 없었죠. 지금은 당시보다 많은 자산을 운용하지만 마음이 들뜨거나 흥분하는 일은 없습니다. 그저 차분하고 덤덤하게 자산을 운용할 뿐이지요.

과거보다 돈을 더 벌었다고 제 생활 태도가 달라진 것도 아닙니다. 저는 여전히 돈을 헛되이 쓰지 않으며 할인카드와 쿠폰을 이용해 1000원, 2000원도 할인을 받습니다. 편의점에서는 원 플러스 원 제품을 선호하고 아낄 수 있으면 최대한 아끼는 자세에는 큰 변화가 없습니다. 앞으로 지금보다 자산이 10배 이상 늘어나도 제 삶의 자세는 분명 지금과 별로 달라지지 않을 것입니다.

자신 있게 강조하건대 난이도 높은 돈 버는 기술에 도전하려면 먼저 자신의 마음 상태, 즉 그릇 크기부터 달라져야 합니다. 그릇 크기를 키우고 삶의 자세와 태도를 바꿔야 하지요. 기본적으로 마음 그릇이 커져야 지식과 경험을 담아내는 그릇도 함께 커져 관리할 수 있는 액수가 커집니다.

주식투자를 하든 사업을 하든 자신의 그릇을 키우는 데 관심을 기울이고 노력하면 누구나 바뀔 수 있습니다. 길에서 흔하게 마주치는 저 같은 평범한 사람이 해냈으니 누구라도 할 수 있습니다.

투자 그릇을 키워야
자산도 커진다

좋음은 좋음을 불러온다

주식투자에서 돈을 벌려면 어떻게 해야 할까요? 종목만 잘 찾으면 된다고요? 남보다 싸게 사면 장땡이라고요? 기술적 분석을 잘할 수 있으면 그만이라고요? 틀렸습니다. 제가 경험한 바에 따르면 그런 것은 극히 일부 요소에 불과합니다.

주변에 차트를 잘 봐서 부자가 되었다는 사람이 있습니까? 아마 없을 겁니다. 투자에 실패한 사람은 차트를 제대로 못 봐서 돈을 잃었을까요? 책을 읽지 않아서 그럴까요? 명문 대학을 나오지 못해서 투자에 실패했을까요? 회계나 재무 내용을 훤히 꿰뚫지 못해서 부자가 되지 못했을까요? 제 주변에 회계사, 세무사, 변호사, 검사 등 공부가 가장 쉬웠다고 말하는 사람이 많지만 원하는 대로 부를 일군 사람은 만나지 못했습니다. 책을 100권, 1000권 읽어도 혹은 주식투자 경험이 10년이나 20년 쌓여도 대다수는 경제적 자유를 누리지 못합니다.

주식투자는 일률적인 어떤 공식에 따라 뜻대로 이뤄지는 일이 아닙니다. 그래도 돈을 버는 데는 어떤 기법이나 기술이 필요한 것 아니냐고요? 그럴지도 모르지요. 그렇다면 그 기술이나 투자 방법이 세상에 공개되지 않아 사람들이 그걸 몰라서 부자가 되지 못하는 것일까요? 과연 어떤 사람이 부자가 되는 걸까요? 아마 이 질문에 속 시원하게 대답할 수 있는 사람은 몇 없을 거라고 생각합니다.

그 답은 다른 데서 찾아야 합니다. 다시 제 이야기로 돌아가보겠습니다. 세상에 저보다 분석을 잘하는 사람이 얼마나 많겠습니까? 세상에 저보다 똑똑한 사람이 얼마나 많겠습니까? 단언컨대 정말 많을 것입니다. 그럼 질문을 바꿔보죠.

타인을 도와주고 그 사람이 잘되는 모습에서 저보다 크게 행복을 느끼는 사람은 얼마나 많을까요?

행복을 객관적으로 측정하기는 어렵기 때문에 대답도 주관적일 수밖에 없겠지만 저는 확신을 담아 말할 수 있습니다. 저만큼 타인의 기쁨을 자기 기쁨으로 여기며 마음 깊이 행복을 느끼는 사람은 많지 않으리라고 생각합니다. 저는 상대방에게 대가를 바라고 행동하지 않습니다. 제 이익을 계산하고 행동하지도 않습니다. 그저 타인을 돕는 행위 그 자체로 즐거움과 행복을 느낍니다. 제게 돈이 많아져서 가장 좋은 점은 다른 사람을 위해 돈을 쓸 기회가 늘어나고 더 많은 사람에게 조금이나마 도움을 줄 수 있다는 점입니다.

앞서 투자 그릇을 키운 만큼 자산을 담고 지킬 수 있다고 했습니다. 그리고 투자 그릇은 경험과 내적 성장이 쌓여야 커진다고 했지요. 그럼 구체적으로 어떻게 해야 투자 그릇을 키울 수 있을까요? 제 경험으로 미뤄보건대 투자 그릇을 키우는 포인트는 진정 다른 사람이 잘되기를 바라는 '이타심'입니다. 평소 좋은 마음으로 타인이 잘되기를 바라고 다른 사람의 행복을 곧 자신의 행복으로 여기는 마음가짐을 갖추는 것입니다.

주식투자를 얘기하다가 뜬금없이 이게 무슨 소리냐고요? 저도 주식투자를 배우거나 부자가 되기를 갈망하던 시기에 이런 말을 들었다면 의아해했을 겁니다. 그러나 오랫동안 주식시장에서 자산을 운용해본 경험을 걸고 말하건대 결국 중요한 것은 이타심입니다.

혹시 가난한 사람은 착하고 부자는 악하다고 믿습니까? 제 생각은 오히려 그 반대입니다. 주변에 잘사는 사람을 보면 마음에 여유가 있고 주변 사람들에게 잘 베풉니다. 과연 그 사람이 돈을 많이 벌어서 그렇게 바뀐 것일까요? 사실 그들은 처음부터 그런 성향이었을 확률이 높습니다. 물론 일부 그렇지 않은 사람도 있겠지만 예외인 사람을 두고 일반화할 필요는 없지요.

누군가에게 무엇을 얻거나 받기 위해 애써 좋은 마음을 내는 게 아니라 다른 사람의 행복이 곧 내 행복인 양 기뻐하며 살아야 합니다. 삶은 놀랍게도 좋음이 좋음을 불러옵니다. 좋은 마음으로 베풀고 좋은 마음으로 행동하면 일이 더 잘 풀리고 더 잘살 수 있습니다. 어떻게 장담을 하느냐고요? 제가 그렇게 해봤으니까요. 실제로 해보십시오. 일단 실행에 옮겨보면 제 말을 더 깊이 믿게 될 것입니다. 해보지도 않고 부정하거나 믿지 못하는 자세는 사양합니다.

이익을 나누는 사람이 많아질수록 투자 그릇이 커진다

사업 역시 돈을 벌기 위해서가 아니라 다른 사람의 불편함을 해소해주고 이로움을 주려고 할 때 잘됩니다. 제 주변에 사업을 벌였다가 망하고 다시 시작하는 과정을 반복하는 지인이 하나 있습니다. 집에 돈이 많아 여러 번 망했어도 그 지인은 계속 사업에 도전하고 있습니다. 여러 번 도전하면 경험이 쌓여 성공 확률이 높아질 법도 한데 그는 왜 자꾸만 망하는 걸까요? 어느 날 저는 그에게 이런 질문을 듣고 그가 자꾸 망하는 이유를 알게 되었습니다.

"어떤 사업을 해야 돈을 많이 벌 수 있을까?"

문제의 해답을 찾으려면 당연히 계속해서 질문을 해야 합니다. 단, 그 질문이 올바른 것이어야 합니다. 그러나 저는 그의 질문을 듣고 지금 하는 사업도, 앞으로의 사업도 계속 망하겠구나 하는 생각을 했습니다. 돈을 벌기 위해 사업을 하면 망할 수밖에 없습니다. 그는 마땅히 다르게 질문해야 합니다.

"어떤 사업을 해야 다른 이에게 이로움을 줄 수 있을까?"

그의 질문이 달라지지 않는 이상, 그의 생각과 태도가 달라지지 않는 이상, 아무리 좋은 아이템으로 사업을 시작하더라도 사업은 흥할 수 없습니다.

다른 사람의 행복과 즐거움에서 내 행복을 찾으면 자신의 그릇이 커져 더 많은 것을 담을 수 있습니다. 많은 것을 담으면 결국 자신도 행복해지고 더 많은 부도 쌓을 수 있지요. 다른 사람을 이롭게 하면 오히려 자신의 그릇이 커지면서 은행 잔고도 그에 맞게 늘어납니다.

무언가를 시작해 단기간 내에 큰돈을 벌려고 하는 마음자세 자체가 자신의 그릇이 작고 부족하다는 것을 보여주는 증거입니다. 모든 일이 술술 잘 풀리길 기대한다면 먼저 자신의 그릇부터 키워야 한다는 것을 기억해야 합니다.

어떤 기술이나 아이템, 투자 종목이 자신을 부자로 만들어줄 것이라고 생각하지 마십시오. 지금까지 그렇게 살아온 것으로도 충분합니다. 현재의 삶이 만족스럽지 않다면 이제는 삶의 자세를 바꿔야 합니다. 지금 바꾸지 않으면 미래에 원하는 결과를 얻을 수 없기 때문입니다. 제대로 인풋을 해야 원하는 아웃풋이 가능한 법입니다.

실리콘밸리의 투자자이자 전문 바이오해커인 데이브 아스프리가 《최강의 인생》에서 한 말을 마음에 새겨둘 필요가 있습니다.

> "나는 꽤 오랫동안 돈을 좇았다. 하지만 돈을 좇을수록 더욱 불행해졌다. 생각을 바꿔 나를 진정으로 행복하게 만드는 일, 즉 타인을 돕는 일에 집중했다. 행복을 좇았을 뿐인데 자연스레 재정적 보상이 뒤따랐다. 행복이 돈을 불러오는 것이지 돈이 행복을 불러오는 것이 아니다."

주변 사람에게 힘을 보태주고 도움을 주는 사람이 되려고 노력하십시오. 그러면 오히려 자신의 삶이 더 윤택하고 행복해질 것입니다. 이 말을 가볍게 흘려듣지 않기를 바랍니다. 특히 주식투자로 부자가 되고 싶다면 기본 밑바탕 즉, 마음자세가 남달라야 합니다.

부는 투자 테크닉이 만들어주는 게 아닙니다. 사업 아이템도 마찬가지입니다. 그런 것은 두 번째 문제고 근본이 달라야 부가 찾아옵니다. 다른 사람의 행복을 진심으로 바라고 그들에게 도움을 주기 위해 노력해보십시오. 그렇게 도와준 이가 잘되는 모습을 보면서 흐뭇해하고 삶의 즐거움을 느낀다면 진정 큰 부자가 될 기본 인성을 갖춘 셈입니다. 주식 공부는 그다음에 시작하는 겁니다.

투자자의 시선은
더 멀고 넓어야 한다

목장에 양은 몇 마리 남았을까?

텍사스 만담 중에 이런 이야기가 있습니다.

> 선생님이 한 학생에게 물었습니다.
> "네가 열두 마리의 양을 키우고 있는데 한 마리가 담을 뛰어
> 넘었다면 몇 마리의 양이 남아 있을까?"
> 학생은 이렇게 답했습니다.
> "한 마리도 없을 거예요."

한번 생각해봅시다. 과연 몇 마리가 남아 있을까요? 열한 마리가 남아 있을 수도 있고 아홉 마리가 남아 있을 수도 있습니다. 그리고 학생의 대답처럼 한 마리도 없을 수도 있습니다.

이 질문에 어떤 답을 하느냐는 주식투자 마인드를 스스로 점검하는 데 대단히 유용합니다. 양 한 마리가 담을 넘었다는 것은 조만간 나머지 양들도 담을 넘을 수 있음을 뜻합니다. 이렇게 유추하면 목장 안에는 양이 한 마리도 남지 않을 수 있지요.

여기서 열한 마리가 남아 있다는 관점은 과거와 현재만 놓고 보는 자세입니다. 투자지표나 재무상의 숫자만 보며 계량적 지표에 빠져 '과거와 현재'만 보고 분석한 셈이지요. 주식은 그렇게 보면 안 됩니다. 현재 보이는 계량적 지표에 너무 몰입할 경우 커다란 흐름을 놓칠 수 있습니다. 과거에 아무리 대단한 영광을 누린 기업일지라도 앞으로 어려워지면 주가는 내려갑니다.

양 열두 마리를 예로 들어 설명하니 "에이, 그건 당연한 게 아니냐."고 반문할 수도 있지만, 의외로 주식투자에서는 그렇게 생각하지 못하는 사람이 많습니다. 상당히 많은 투자자가 과거와 현재의 결과물인 지금의 지표나 숫자에 빠져 미래 예측에 큰 비중을 두지 않습니다.

대화를 나눠보면 당연히 미래도 본다고 하지만 말과 행동이 일치하지 않는 투자자가 많습니다. 입으로는 미래를 본다고 해놓고 눈으로는 PER, PBR, 지난 분기 실적 그리고 바로 다음에 나올 분기 실적에 더 큰 관심을 보이는 것입니다.

한곳만 보는 투자의 위험

투자를 결정할 때는 회사의 과거와 현재뿐 아니라 앞으로도 우량한 재무 상태를 유지하면서 발전할 수 있을지 봐야 합니다. 그러니까 과거부터 현재까지 만들어온 숫자와 내용을 바탕으로 앞으로 이 회사가 어떤 일을 추진해 어떠한 성과를 만들어낼지, 그 성과를 낼 수 있을 만큼 회사가 속한 산업의 전망이 밝은지 볼 필요가 있습니다. 회사의 과거와 현재를 토대로 앞을 내다볼 수 있어야 한다는 뜻입니다.

어제 양 한 마리가 담을 넘었으니 지금은 열한 마리일 수 있지만 내일 다시 보면 밤사이 모두 울타리를 벗어나 한 마리도 없을 수도 있습니다. 그러므로 훌륭한 투자자라면 열한 마리라고 답할 게 아니라 조만간 목장 안에 있던 양이 전부 사라질 수 있음을 고려해 "한 마리도 없다."고 말해야 합니다.

주식은 현미경으로 한곳만 자세히 뚫어보는 것처럼 하나의 지표나 종목만 보는 일이 아닙니다. 통찰력 있게 사물과 세상을 종합적으로 바라봐야 성공 확률이 높아집니다. 따라서 과거와 현재뿐 아니라 미래에 벌어질 일을 가늠하는 눈을 갖출 필요가 있습니다. 더 크게, 더 멀리, 더 넓게 세상 전체를 바라보는 눈을 갖추십시오.

돈을 따라가는 투자,
돈이 따라오는 투자

월스트리트의 거인들은 왜 지키는 투자를 하는가

저는 사업과 주식투자에서 돈을 벌고자 덤빌 때면 생각과 달리 돈을 잃기 일쑤였습니다. 오히려 돈을 잃지 않으려는 자세로 투자했을 때 많은 돈을 벌었지요. 저도 다른 투자자와 마찬가지로 여러 번 깡통계좌의 좌절을 맛봐야 했습니다. 그렇게 수업료를 지불하고 나서야 투자 원칙을 세웠고 이를 반드시 지키겠다고 다짐에 다짐을 했습니다. 제 첫 번째 투자 원칙은 이것입니다.

선물주는산타의 투자 원칙 1. 반드시 원금을 지킨다!

주식투자로 세계 최고의 부자 대열에 오른 워런 버핏 역시 같은 맥락의 투자 원칙을 세운 것으로 유명합니다.

첫째, 원금 지키기
둘째, 첫째 원칙 따르기

세계 최고 부자로 손꼽히는 성공적인 투자자들이 원금을 지키는 투자를 하거나 보수적인 자세로 투자에 임하는 것은 흔한 일입니다. 하지만 우리는 주변에서 이와 전혀 다르게 접근하는 사례를 자주 봅니다. 특히 개인투자자 중에는 원금을 지키는 투자가 아니라 '단숨에 대박을 안겨줄' 종목만 찾아다니는 사람이 많습니다.

지금까지 어떤 자세로 투자에 임했는지 자신의 자세를 한번 돌아보기 바랍니다. 혹시 어떤 주식을 사면서 이런 생각을 하지는 않았습니까?

'이 종목으로 돈을 많이 벌어야지.'
'이게 대박이 났으면 좋겠다.'

만약 이러한 생각을 하고 있었다면 이제부터는 다음과 같이 질문해보기 바랍니다.

이 회사는 내 돈을 지켜줄 수 있는가?

투자 수익이 날 때까지 성장할 수 있는 안전한 회사인가?

지금이 투자하기에 좋은 시기인가?

지금까지 전자의 자세로 주식을 매수했는지 아니면 후자의 자세로 임했는지 생각해보기 바랍니다.

'과연 나는 어느 쪽이었나?'

무작정 돈을 벌 생각으로 대충 살펴보고 주식을 매수했습니까, 아니면 지금 이 주식을 사면 적어도 원금을 까먹지는 않을 것이라는 생각으로 주식을 매수했습니까?

복리의 마법은 투자에서도 힘을 발휘한다

원금을 지키는 투자를 하려면 어떻게 해야 할까요? 기업을 통째로 인수한다는 생각으로 접근해야 합니다. 몇백 원, 몇천 원의 시세차익을 남기려는 자세로 매수와 매도를 반복하면 결국 증권사의 배만 불려줍니다. 알다시피 수수료가 장난이 아닙니다. 그래서는 워런 버핏이 말하는 원금을 지키는 투자가 힘들어집니다.

내가 투자하는 기업을 인수한다는 생각으로 주식을 매수하되 기업이 원금을 지켜줄 만한 곳인지 항상 고려해야 합니다. 또한 주가가 한

없이 올라갈 때는 반대로 조정기에 들어갈 수 있음을 따져보고 그 반대의 경우도 생각해야 합니다.

투자 성과가 저조하거나 시장이 좋지 않을 때는 더더욱 정신을 바짝 차려야 합니다. 이런저런 말에 휘둘리고 흔들리면 절대 안 됩니다. 항상 자기 원칙을 꽉 붙잡고 상황을 예의주시하며 겸손하게 대응해야 합니다.

여기까지 인식하고 실행에 옮겨야 주식시장에서 살아남을 수 있습니다. 여기서 살아남는다는 말은 소소하게라도 원금이 불어나고 있다는 의미입니다. 그러면 시간이 지나면서 원금과 수익이 계속 복리로 쌓이며 놀라운 숫자의 자산을 자연스럽게 형성할 수 있습니다.

한마디로 처음부터 큰 자산을 만들기 위해 덤벼드는 것이 아닙니다. 겸손한 자세로 원금을 지키는 데 집중해 투자에 임하다 보면 점차 많은 자산이 형성되는 것이지요. 주식을 할 때는 반드시 투자 원칙을 가슴속에 간직하고 있어야 합니다. 주의할 것은 절대 스스로와 타협하면 안 된다는 점입니다.

내 투자에는
가족의 생사가 걸려 있다

헤지펀드의 대부 레이 달리오가 두려워하는 것

"틀릴지도 모른다는 두려움을 잊지 마세요."

세계 최대 헤지펀드 브리지워터 어소시에이츠 창립자로 20조 원의 개인 자산을 보유한 레이 달리오 회장의 말입니다. 그는 자신이 큰 부를 이룬 비결이 투자에 대한 두려움을 잊지 않은 데 있다고 말합니다. 두려워서 분산투자도 하고 자신의 판단이 틀릴 수 있음을 고려해 신중히 접근한 덕분에 부를 일궜다는 얘기입니다.

저는 실제로 투자할 때마다 제가 하는 투자에 가족의 생사가 걸려 있다는 생각을 합니다. 이런 마음자세로 투자에 임하면 그만큼 더 세심하고 꼼꼼하게 들여다보고 종합적으로 가능성을 따져보게 됩니다.

지금도 새로운 투자를 하거나 새로운 종목을 분석해야 하는 상황에 놓이면 가장 먼저 두려움을 느낍니다. 제가 객관적으로 다른 사람보다 투자에 성공할 확률이 낮지 않음에도 그렇습니다. 오히려 좀 더 높은 편이니 새롭게 투자를 할 때면 돈을 벌 기대로 기쁨에 들떠야 할 텐데 두려움이 앞서는 것입니다. 왜 그러느냐고요?

여전히 투자가 어렵고 주식이 무섭기 때문입니다. 그래서 최대한 많이 조사하고 보다 확실한 회사, 안전한 회사를 찾아 투자합니다. 만약 제가 두려움을 느끼지 않는다면 쉽게 의사결정을 내릴지도 모릅니다. 그러나 저는 두려움을 느끼기에 조심하고 또 조심하는 자세로 투자를 합니다. 이것이 제 두 번째 투자 원칙입니다.

선물주는산타의 투자 원칙 2. 언제든 내 판단이 틀릴 수 있으니 조심하고 또 조심한다!

저는 이 투자 원칙을 지켜왔고 언제든 제 판단이 틀릴 수 있다고 생각해 돌다리도 두드리고 건너는 자세로 조심스럽게 투자에 임했습니다. 즉, 언제나 두려움을 지니고 투자를 했지요.

누구나 언제든 틀릴 수 있다

투자 성과가 잘 나오면 자신이 주식을 무척 잘한다는 착각에 빠지기 쉽습니다. 레이 달리오가 조언했듯 자신의 생각이 '틀릴지도 모른다는 두려움을 지니는 것'이 아니라 어깨에 잔뜩 힘을 주며 여기저기 참견하고 다니면서 투자를 부추기지요. 이들은 우연히 투자가 몇 건 잘되면 마치 자신이 주식의 신이라도 된 것처럼 들떠서 목소리를 높입니다. 시장을 만만하게 여기고 자신감이 하늘을 찌르지요. 이런 모습은 주식투자를 하는 사람들에게 공통적으로 찾아옵니다. 지금도 경제 전문 방송이나 유튜브, 온라인 주식 카페 등에 가보면 이렇게 행동하는 소위 전문가나 자칭 고수를 흔하게 볼 수 있습니다.

주식시장에는 수많은 사람이 참여합니다. 그들의 마음이 한 방향으로 움직이는 게 과연 쉬울까요? 설령 폭탄 같은 이슈가 터져도 모두가 한마음으로 움직이지는 않습니다. 그러므로 주식투자에서는 항상 자신이 부족하다는 생각을 하며 겸손하게 움직여야 합니다. 자신이 언제든 틀릴 수 있다는 점을 반드시 기억해야 하지요.

주식은 잘될수록 겸손해야 합니다. 그 이유는 남에게 좋은 이미지를 주기 위해서가 아니라 자신의 자산을 지키기 위해서입니다. 겸손하게 행동해야 자산을 지키고 어려운 시기도 큰 손실 없이 이겨낼 수 있습니다. 나아가 다음 기회를 잡아 롱런할 수 있지요.

두려움 없는 투자는 도박과 같다

투자할 때는 이번 투자로 많은 것을 잃을 수도 있다는 생각 아래 모든 것을 거는 자세로 임하십시오. 잘못되면 자기 자신뿐 아니라 가족마저 위험해질 수 있으므로 조심하고 주의를 기울이면서 대박이 아니라 안전한 투자를 하려고 노력해야 합니다.

이런 자세를 유지하기 위해서는 투자하기 전 다음과 같은 질문을 하는 것이 좋습니다.

내 판단이 틀릴 가능성은 없는가?
내 판단이 틀렸을 때 안전 마진이 있는 기업인가?

이런 자세로 주식투자를 할 경우 성과를 떠나 유혹에 흔들리지 않고 단단한 마음으로 투자를 할 수 있습니다. 이렇게 해도 내 뜻대로 되지 않는 것이 투자입니다. 그럼에도 불구하고 이만큼의 자세를 갖추지도 않고 투자하는 숱한 투자자를 생각해보십시오. 두려움을 안고 주의하며 투자하는 사람과 그렇지 않은 사람이 훗날 어떤 결과를 손에 쥐고 있을지 상상이 가지 않습니까?

투자할 때마다 자신의 모든 것을 맡기는 자세로 임하십시오. 그러면 어지간한 회사는 눈에 들어오지도 않습니다. 내가 가진 모든 것을 걸었는데 실적을 내지 못하는 바이오주나 이상한 회사에 투자할 사람이 있을까요? 만약 모든 것을 걸고도 그렇게 투자하는 사람이 있다면 그는 주식투자를 하는 게 아니라 도박을 하는 셈입니다. 그런 사람이 수익을 볼 확률은 도박을 할 때처럼 낮을 수밖에 없습니다.

주식투자를 하기 전에 다음 질문을 던지십시오.

이 회사가 나와 내 가족의 생사를 책임져줄 수 있을까?
이 회사가 내 가족의 미래를 담보해줄 수 있을까?

이들 질문에 긍정적인 대답이 나온다면 그 주식에 과감하게 투자해도 좋습니다.

처음 본 사람에게
돈을 빌려줄 수 있겠는가

주식시장에서 매일 벌어지는 일

자신이 평생 모아온 돈에다 대출까지 얹어야 하는 액수의 돈을 누군 가가 빌려달라고 하면 쉽게 응할 수 있겠습니까? 이것은 결코 쉽지 않은 일입니다. 거의 불가능한 일에 가깝지요.

그런데 주식시장에서는 이런 일이 정말이지 하루가 멀다 하고 벌 어지고 있습니다. 제가 볼 때 상당수의 개인투자자가 돈을 빌려주면 안 될 상대에게 돈을 빌려주고 있습니다. 그 상대는 비록 회사지만 돈 을 건네주는 입장에서 보면 회사든 개인이든 마찬가지입니다.

길을 걷다 우연히 마주친 사람이나 지인 중 평소 신뢰하지 않던 사람에게 한평생 모은 재산에 대출까지 얹은 돈을 빌려주지는 않을 사람들이, 주식만 했다 하면 잘 모르는 회사의 주식을 덥석 매수합니다. 제 기준에서 이러한 매수는 전 재산에 대출까지 얹어 처음 본 사람에게 빌려주는 것과 다르지 않습니다. '투자'라는 가면을 쓰고 있지만 내막을 따져보면 똑같습니다.

현실을 직시합시다. 개인에게 돈을 빌려줄 때는 대개 그 사람의 현재 모습과 지금까지 살아온 과정, 평판을 따져가며 종합적으로 판단합니다. 그러면 주식을 할 때도 이 모든 것을 고려합니까? 놀랍게도 많은 투자자가 그렇지 않습니다.

저는 틈만 나면 CB(전환사채)를 찍고 BW(신주인수권부사채)를 발행하는 회사에는 제 돈을 맡기고 싶지 않습니다. 아쉽게도 주식시장에서는 생각보다 많은 사람이 이 점을 고려하지 않습니다. 그저 돈을 벌 생각에 깊이 생각하지 않고 일단 매수 버튼부터 누르는 경향이 있지요. 다시 말해 과연 돈을 빌려줘도 될 만한 회사인지 따져보지 않고 그 주식으로 내가 얼마나 벌 수 있을지만 생각하는 것입니다.

'오늘 사면 앞으로 얼마나 오를까? 바로 내일은 얼마나 오르려나.'

주식은 이런 관점으로 접근하면 안 됩니다! 이렇게 안일한 자세로 돈을 빌려주지 말아야 할 회사의 주식을 사기 때문에 상장폐지를 당하거나 고점 대비 10분의 1 토막이 난 주식을 몇 년째 들고 있는 상황에 놓이는 것입니다.

돈을 빌려줄 상대를 고르는 눈

투자할 때는 내 전 재산을 믿고 맡길 수 있는 회사, 나뿐 아니라 다른 사람이 보기에도 좋은 회사라서 제3자가 인수를 제안할 정도로 매력적인 회사를 골라야 합니다. 내가 믿고 돈을 빌려줄 수 있는 상대가 아니면 아무리 그럴싸한 사업계획서를 내밀고 달콤한 말을 떠들어대도 물리쳐야 합니다. 지금까지 살아온 행실이 좋지 않고 평소 약속도 잘 지키지 않던 상대가 거창한 사업계획서를 내밀며 곧 잘될 거라고 말하는 것만 보고 덥석 돈을 빌려줘 봐야 그 돈을 돌려받을 가능성은 제로에 가깝습니다.

앞으로의 투자 인생에서 반드시 내 돈을 믿고 빌려줄 만한 회사인지 꼼꼼하게 알아보고 투자해야 한다는 사실을 잊지 않길 바랍니다.

평생 딱 스무 번만
투자할 수 있다면

종목만 잘 고르면 성공할 수 있을까?

이것저것 따지는 것도 골치 아프니 주식투자를 딱 하나의 질문으로
요약해달라고 한다면 저는 이것으로 하겠습니다.

평생 딱 스무 번만 투자할 수 있다면 어떤 회사에 투자하겠
는가?

워런 버핏이 말한 이 질문을 머릿속에 담아두거나 마음에 품고 있

으면 분명 주식투자에 임하는 자세가 달라질 것입니다. 평생 기회가 딱 스무 번에 불과한데 어떻게 대충 투자할 수 있겠습니까. 당연히 신중하게 투자해서 결과적으로 시장의 평균수익률을 능가하는 성과를 낼 것입니다. 적어도 중구난방, 마구잡이로 투자하는 사람들을 따라 하는 일은 없을 테지요.

투자자들은 모였다 하면 자기 의견을 자신 있게 펼쳐놓습니다.

"차트를 보니 저 회사에 투자하면 짧은 기간 내에 20~30퍼센트 수익이 날 것 같다."

"요즘은 바이오주가 대세다."

"대마초 관련주가 급등세라 여기에 올라타면 꽤 수익이 날 거다."

일단 거래량이 붙으면서 시세가 오르는 종목을 보면 많은 개인투자자가 군침을 흘립니다. 아마 독자 여러분 중에도 이런 경험을 해본 사람이 상당수 있을 겁니다. 시세가 내 뜻대로만 흘러가면 얼마나 좋겠습니까. 요즘처럼 은행이자가 고꾸라진 시기에 앉아서 쉽게 20~30퍼센트 수익을 낼 수 있다면 얼마나 환상적이겠습니까. 안됐지만 그런 일은 결코 쉽지 않습니다.

오해하지 마십시오. 주식투자는 종목을 잘 골라잡는다고 성공할 수 있는 게임이 아닙니다. 또 관심이 가는 종목이 조금 하락했을 때 샀다가 조금 오르면 파는 식의 투자를 할 경우 단기간에 꽤 많은 돈을 벌 것 같지만 실상은 그렇지 않습니다. 단기 시세차익으로는 큰돈을 벌기 어렵습니다.

사람들이 주식투자와 사업에서 투자금을 잃는 이유를 멀리서 찾을 필요 없습니다. 그건 맥을 완전히 잘못 짚기 때문입니다. 사업은 사람들에게 이로움을 제공하는 것이 목표여야 하고 주식투자는 회사를 인수하는 마음으로 접근해야 하는데 그렇지 않아서입니다. 즉, '돈을 벌려는' 자세로 접근하는 탓에 다들 투자금을 날려버리는 것입니다.

주식투자와 사업을 할 때는 보통 돈을 많이 벌겠다는 자세로 덤벼듭니다. 그러나 이 시장은 돈을 벌려고 덤비는 순간 여지없이 투자금을 낚아챕니다. 손실을 보고 마는 것이죠. 돈을 벌겠다는 생각에만 매달리면 결국 "원금만 와도 좋겠다."고 말하는 처지에 놓이고 맙니다.

투자 기회가 많다고 생각할수록 실패 확률도 커진다

평생 스무 번만 투자 기회를 얻을 수 있다고 생각하며 회사를 인수한다는 마음으로 투자에 접근하면 어떨까요? 지금 보유하고 있는 것보다 저 종목이 더 빠르게 오를 것 같다고 기존 보유 주식을 홀랑 팔아버리고 다른 종목에 쉽게 편입할까요? 이런 식이면 스무 번의 투자 기회를 1~2년 만에 모두 써버리고 말 것입니다.

어떤 종목을 매수할 때는 해당 회사가 내 인생의 마지막 투자일 수 있다는 생각으로 주문을 넣어야 합니다. 투자는 신중하게 해야 한다는 얘기입니다. 그러면 '원금만 와도 좋겠다'는 생각을 할 필요가 없을 것입니다.

잘 생각해보십시오. 인생을 바꿔줄 만한 기회가 자주 올 거라고 생각합니까? 제가 볼 때 투자와 매매를 자주 하는 것은 매일 인생을 바꿔줄 기회를 찾는 것이나 마찬가지입니다. 그런 일이 가능할까요? 아마도 대다수가 불가능하다고 생각할 겁니다. 어떻게 매주나 매달 인생을 바꿔줄 만한 대박 종목이 나온단 말입니까.

만약 이것이 가능하다면 많은 사람이 무일푼으로 시작해 수백억 자산을 넘어 조 단위 자산을 보유했을지도 모릅니다. 현실적으로 자산을 조 단위로 만드는 것은 훌륭한 법인회사의 주인이 되어 그 회사의 지분 가치가 조 단위로 커지지 않는 이상 어려운 일입니다. 워런 버핏의 자산 역시 대부분 회사 지분이지요. 여하튼 인생을 바꿔줄 만한 투자 기회는 매주나 매달 오지 않는다는 것을 기억해야 합니다.

생의 마지막 투자라고 생각하거나 인생에서 딱 스무 번만 투자 기회가 주어진다고 여기면 어중간한 종목에는 절대 투자하지 않습니다. 아마도 자신의 혼을 실어 주옥같은 회사만 찾아 투자할 것입니다. 확실하게 성장 산업에 속해 인생 종목이라 생각하는 회사에만 투자할 테니 말입니다.

투자에 임하는 자세와 생각이 바뀌면 이 종목 저 종목 마구 사지 않고 총알을 모으며 아끼고 아끼다가 결정적인 순간이 왔을 때, 즉 모든 것을 쏟아붓고 싶은 회사가 나타났을 때 투자하게 됩니다. 이럴 때는 당연히 결과도 좋습니다.

평생 딱 스무 번만 투자 기회가 주어진다고 마음을 먹어야 투자 전에 꼼꼼히 조사할 확률이 높습니다. 많이 조사한 덕분에 확신이 서면 도중에 흔들리지 않고 잘 버틸 수 있지요. 또 작은 수익이 났다고 크게 갈 주식을 금세 팔아버리는 우를 범하지도 않습니다. 그러면 노력의 대가로 경제적 자유라는 선물을 받을 수 있지요.

시작하는 마음가짐이 다르면 성과도 달라집니다. 그동안 해오던 마음가짐으로는 같은 결과만 얻을 뿐입니다. 바로 내일부터 출발선부터 마음가짐을 다르게 해보십시오. 분명 투자자로서의 인생이 달라질 것입니다.

주식 공부를 시작하는
투자자를 위한 책 활용법

개인투자자가 유독 투자에 실패하는 이유

투자자는 대개 주식투자에 앞서 공부를 시작합니다. 책을 읽고 주식
카페에 가입해 정보를 얻으며 주식 고수를 찾아가 배우기도 하지요.
또 맨땅에 헤딩하듯 하루 종일 차트를 돌려가면서 공부하기도 합니
다. 책이나 커뮤니티 등에서 다른 사람이 분석해놓은 글을 읽으며 다
양한 시도를 해보기도 하고요. 이것은 그야말로 주식 고수가 되기 위
한 노력이지만 실제로 투자를 진행하다 보면 여러 번 시행착오를 겪
으면서 얻는 지혜가 더 값지다는 것을 알 수 있습니다.

저도 주식투자를 하기 전에 이런저런 노력을 많이 기울였습니다. 많이 알아야 실수를 줄일 수 있을 거라고 생각했기 때문이지요. 하지만 어떤 책을 읽어도 실제 주식시장에서 투자 성과를 높이는 데 도움을 받기는 현실적으로 어렵습니다. 책은 책일 뿐 그것이 경험을 쌓게 해주는 것은 아니기 때문입니다.

사실 주식투자에 대단한 노하우나 기법이 존재하는 것도 아닙니다. 그런 방법은 없다고 생각하는 것이 오히려 더 낫습니다. 날고 기는 고수도 더러 실수를 하는 분야가 바로 주식입니다. 즉, 누구에게나 주식은 어렵습니다. 그런데 유독 개인투자자가 더 어려움을 겪는 까닭은 그들이 대단하다고 여기지 않는 기본을 지키지 않아서입니다.

종목을 어떻게 선정하고 어떤 마인드로 투자해야 하는지와 관련해 온라인상에 떠돌아다니는 기본 원칙만 잘 지켜도 주식으로 돈을 벌 수 있습니다. 대박이라는 환상에 젖어 투자하느라 기본을 지키지 않으니 탈이 나는 것이지요. 오랫동안 주식투자를 해온 사람 중에도 여전히 이 사실을 모르는 사람이 많습니다. 이것이 가장 큰 문제지요.

거인의 어깨에 올라타라

그럼에도 제가 주위에 주식투자에 관한 책을 권하는 이유가 있습니다. 먼저 초보자는 주식의 감을 잡을 수 있기 때문입니다. 그들에게 저는 일단 서점에 가서 자신의 스타일에 맞춰 읽기 쉬운 주식 책을 두세 권 구입해 읽으라고 합니다. 내용은 중요하지 않습니다. 주식시장 흐름을 파악하고 배경지식을 넓히는 정도면 충분합니다. 끝까지 손에서 놓지 않고 읽을 정도의 편한 책을 고르는 게 중요합니다.

어느 정도 투자를 해본 사람이라면 투자의 기본을 다시 한 번 되짚으라는 의미로 투자의 대가들이 쓴 책을 권합니다. 물론 이 책들은 초보자에게도 유용합니다. 100퍼센트 적중률을 보이는 투자 기술은 존재하지 않더라도 자신만의 투자 원칙을 만들고 지키는 것은 중요하기 때문입니다. 투자 원칙을 세우는 데 투자 대가들의 가르침은 큰 도움을 줍니다.

주식투자 기본서로 추천하고 싶은 책은 다음과 같습니다.

- 벤저민 그레이엄의 《현명한 투자자》
- 윌리엄 오닐의 《최고의 주식 최적의 타이밍》
- 랄프 웬저의 《작지만 강한 기업에 투자하라》
- 필립 피셔의 《위대한 기업에 투자하라》

너무 많은 책을 읽으면서 투자 기술에 현혹되기보다 먼저 네 권의 책을 정독해 자신만의 투자 원칙을 세우는 밑거름으로 삼기를 추천합니다. 그리고 그것을 반복적으로 실천하면서 자신에게 맞는지 고민하고 수정하는 과정이 투자 성과를 높이는 실질적이고 올바른 방법이라고 생각합니다.

혹시라도 앞서 소개한 책으로 부족하다는 생각이 든다면 그 부족한 부분을 자세히 다룬 책을 읽고 지식을 보완하세요. 딱 그 정도면 적당합니다. 주식투자를 할 때는 다양한 지식을 머릿속에 쌓아두는 것보다 알아야 하는 것을 정확히 아는 것이 중요합니다.

사업도 주식도 결국 사람이 하는 일

네 권의 기본서로 주식 관련 기본지식과 주식시장의 생태계를 이해했다면 이제는 분야를 넓히십시오. 획기적인 투자 비법이 있지 않을까 하며 주식 책만 뒤적이는 것보다 다양한 분야의 책을 읽고 세상을 깊이 바라보는 통찰력을 기르는 훈련을 하는 것이 더 이롭습니다. 인문학 동향과 정치, 외교, 경제 현안 등을 관심 있게 지켜보며 세상 돌아가는 것에 주의를 기울일 때 좋은 투자 기회를 맞이할 가능성이 더 높다는 얘기입니다.

특히 역사, 심리 등 인문학 책을 읽으며 사람 공부를 하는 것도 투자 성과를 높이는 데 도움을 줍니다. 주식시장에는 다양한 사람이 모여 있고 우리가 투자하는 회사도 사람이 모여 일하는 곳이므로 결국 '사람'을 이해하는 것이 핵심입니다. 주식시장의 생리를 이해하기 위해 노력하라는 의미입니다.

우리가 투자한 회사가 생산하는 재화, 서비스를 사용하는 대상도 기업체와 일반 소비자로 역시 사람입니다. 즉, 구매를 위해 의사결정을 하는 주체는 사람입니다. 그렇기 때문에 사람의 행동 양식을 이해하는 것이 무엇보다 중요합니다. 역사를 중요시해야 하는 이유가 바로 여기에 있습니다.

역사는 반복됩니다. 사람들의 갖고자 하는 열망, 욕심, 욕구는 시대가 바뀌면서 그 형태와 명칭만 달라졌을 뿐 내용은 과거나 지금이나 똑같습니다. 다시 말해 계급, 성향, 소비 행태, 갈구하는 것에는 별로 달라진 것이 없습니다. 이에 따라 역사와 사람의 심리를 공부하면 앞으로 일어날 일을 통찰력 있게 내다보는 눈을 갖출 수 있습니다.

주식에는 수학처럼 정답을 찾게 해주는 공식이 존재하지 않습니다.

다만 많은 사람이 경험과 노력으로 얻은 이런저런 노하우가 여러 대중 매체를 기반으로 돌아다닐 뿐입니다. 또 공을 잘 차는 방법을 알려준다고 해서 모든 사람이 손흥민 선수처럼 공을 잘 다루는 것이 아니듯 경험자의 몇몇 노하우로 모두가 투자에 성공할 수 있는 것도 아닙니다.

다른 선수들보다 공을 잘 다루는 일은 부단한 노력과 타고난 감각 등이 어우러져야 가능합니다. 가령 손흥민 선수가 발목을 몇 도로 꺾고 왼발 디딤의 무게중심을 어디에 두며 어떤 느낌으로 공을 차는지는 그만이 아는 일입니다. 손흥민 선수가 그 느낌을 공식처럼 알려준다고 해도 모두가 그처럼 골을 넣을 수는 없습니다. 마찬가지로 주식에도 모든 사람을 성공으로 이끌 투자지표나 공식은 존재하지 않습니다.

제가 이 책에서 많은 부분을 할애한 것도 주식시장이란 무엇이고 우리가 여기에 어떤 자세로 접근해야 하는지 짚어보는 내용입니다. 이 책을 다 읽고 나면 자신이 그동안 왜 돈을 까먹고 있었는지, 주식시장에 어떻게 접근해야 경제적 자유에 한 발 더 다가설 수 있는지 깨달을 것입니다.

그걸 알았다면 그다음에는 이 책의 내용을 참조해, 산업을 고른 뒤 회사를 찾고 그 회사를 인수한다는 생각으로 투자에 접근하는 훈련을 계속해야 합니다. 이것이 전부입니다. 누군가를 가르칠 생각이거나 학문으로 접근하는 게 아니라면 말입니다. 투자로 자산을 늘려 가족과 함께 풍요롭게 살기 위한 수단으로 주식을 택한 것이라면 이 정도로 충분합니다.

제가 이 책에서 다룬 내용을 바탕으로 회사를 선정하다 보면 정말로 투자하고 싶은 종목은 1년에 두세 개도 나오기 어렵습니다. 그중에서 자신의 투자 원칙과 가장 일치하는 회사에 투자하면 됩니다. 더 이상 할 일은 없습니다. 머리를 쥐어뜯으며 고민할 필요 없이 다 내려놓고 마음 편히 푹 자도 무방합니다.

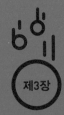

제3장

주식시장의 상식과 틀을 깨자
수익률이 올라갔다

: 선물주는산타도 겪어봤다! 투자의 함정

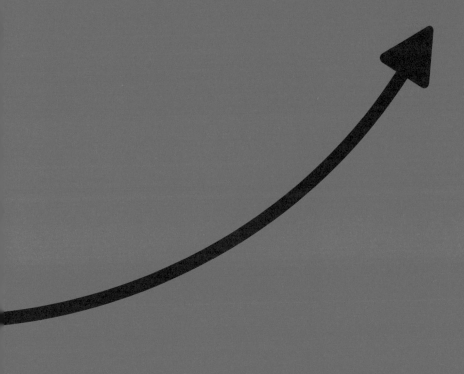

66

주식투자를 하면서 당연하다고 믿었던 것들이
실은 그렇지 않았다.
그것이 내가 실패한 이유이며,
그것을 깨닫고 나는 드디어 부를 이뤘다.

99

투자 과정이 느릴 때
자산은 더욱 빠르게 증가한다

주식시장에서 차선 변경은 필패의 지름길

운전을 하다가 내 차선이 밀려서 옆 차선으로 옮겼는데 1분 정도 운행하니 다시 밀리는 바람에 또 차선을 옮겼던 적이 있나요? 아마 많은 사람이 이런 경험을 해봤을 겁니다. 사실 주말에 교통이 혼잡하면 차선을 아무리 변경해도 소용이 없습니다. 즉, 차선 변경은 목적지에 도착하는 시간에 별다른 영향을 미치지 않습니다.

주식투자 세계에서도 이와 비슷한 일이 비일비재하게 일어납니다. 지금 내가 투자하고 있는 종목이 다른 종목보다 느리게 움직이는 것

같아 답답하게 느껴질 때가 있지요. 실제로 느리게 움직일 수도 있습니다. 그런데 이때 사람들이 놓치는 부분이 있습니다.

만약 단 한 번만 투자하는 것이라면 내 종목이 느리고 다른 종목이 빨라 보일 때 교체할 수도 있습니다. 그렇지만 투자자 중에 평생 한 번만 투자하는 사람은 거의 없습니다. 물론 차선 변경으로 한두 번은 성공할 수도 있습니다. 그러나 긴 시간을 놓고 보면 자꾸 옮겨 다니다가 차선을 잘못 타서 오히려 빠르게 수익을 가져온 것을 다음 차선 변경으로 모두 시장에 내주고 원금까지 손실을 볼 수도 있습니다.

빠르게 자산을 늘리는 데 목적을 두면 이 차선, 저 차선으로 옮기다가 타지 말아야 할 길로 가게 될지도 모릅니다. 중요한 것은 정확한 차선을 타는 일입니다. 목적지로 명확히 안내해줄 차선을 타고 가야 합니다.

단기투자로는 100억 원을 벌 수 없다

주식시장에서 바쁘게 움직이는 투자자는 시장의 먹잇감으로 전락하기 십상입니다. 제 경험에다 주변의 많은 전업투자자, 직장인투자자의 경험을 더해 판단하건대 단기투자로는 20억 원 이상의 자산을 일구기가 어렵습니다. 자산 형성에 한계가 있다는 얘기입니다. 사실 저는 단기투자 수익률이 매우 좋았습니다. 한데 금액이 적을 때는 돈이 불어나는 느낌을 받았지만 3억 원이 넘어가니 상황이 달라졌지요. 제 경험상 단기로 몇천만 원을 벌어도 금세 몇천만 원이 사라지는데 이를 반복하다 보면 결국 단기투자로는 10억 원을 모으기도 어렵다는 것을 깨닫게 됩니다.

제 지인 중에는 전국에서 손꼽힐 정도로 뛰어난 단기투자자가 있습니다. 하지만 그분 역시 자산 10억 원대에서 벗어나지 못한 채 지난 수년 동안 10억 원을 조금 넘기는 수준에서 매달 생활비를 버는 정도에 머물고 있습니다.

예를 들어 5억 원을 투자해 단기투자를 한다고 해봅시다. 그러면 투자자는 매일, 매시간의 상승과 하락을 지켜보고 있어야 합니다. 3~4퍼센트만 오르락내리락해도 몇천만 원이 왔다 갔다 합니다. 그래서 마이너스가 났다가 다시 플러스로 조금만 돌아서도 안도의 한숨을 내쉬며 휙 팔아버립니다. 반대로 -3퍼센트였던 것이 점차 빠져 -5퍼센트, -7퍼센트로 가면 어느 순간 -10퍼센트에 도달하면서 순식간에 5000만 원의 손실이 나고 맙니다. 이렇게 스트레스는 스트레스대로 받고 자산 증식은 또 그것대로 뜻대로 이뤄지지 않습니다. 조금 오르면 며칠 전 마이너스 금액에 놀란 기억이 떠올라 금세 팔아버리고 또 빠지면 비자발적 장기투자를 하면서 끙끙 앓을 뿐 자산 증식과는 멀어집니다.

이때 손절할 시기를 놓치거나 물타기를 하다가 손실을 더 키우면서 기회비용마저 없애는 우를 범하기 일쑤입니다. 벌 때는 조금 벌고 손실이 나면 큰돈을 잃는 악순환에 빠지는 것이지요.

바쁘게 움직이는 투자자는 시장의 먹잇감이 된다

소형 주택을 보유한 사람은 대형 빌딩을 보유한 사람에 비해 상대적으로 사고팔기가 용이합니다. 덩치가 작으면 매매에 큰 부담을 느끼지 않기 때문이지요. 반면 빌딩의 경우에는 깊이 생각해서 신중하게 움직여야 합니다. 마찬가지로 자산이 많은 사람은 되는 주식을 진득이 보유해 한 번에 높은 수익률을 올리길 바라지 조금의 수익을 얻기 위해 자주 사고팔지 않습니다.

주식은 한 번 매도할 때마다 0.3퍼센트의 세금을 부과하기 때문에 수익이나 손실 없이 같은 가격에 사고팔기만 해도 10번이면 세금이 3퍼센트, 100번이면 무려 30퍼센트가 원금에서 깎입니다. 하루에 한 번 매도한다고 해도 월 20회에 이르고 5개월간 이런 식으로 거래할 경우 세금으로만 자산의 3분의 1이 사라집니다. 하루에 1회 이상 빈번하게 투자하면 분기마다 세금으로만 자산의 30퍼센트가 나가는 상황이 발생하고 말지요.

단기에 사고팔기를 빈번하게 할 경우 당장은 돈을 버는 느낌을 받기도 합니다. 그래서 곧 부자가 될 것 같은 착각에 빠집니다. 한 달 월급이 300만 원인데 일주일 만에 단기투자로 300만 원을 벌면 힘들이지 않고도 부자가 될 것 같은 느낌을 받는 것이지요.

저도 가치투자를 하기 전에는 다른 일반투자자와 마찬가지로 마치 입문 과정처럼 단기투자를 했습니다. 수익률도 썩 좋은 편이었지요. 아마도 제가 올린 단기투자 수익률과 성공률을 보면 놀라는 사람이 많을 것입니다. 그런데 쑥쑥 늘어나는 듯하던 자산은 일정 금액에서 멈춰버렸고 그 이상 늘지 않았습니다.

아직까지 저는 트레이딩으로 100억 원을 번 사람을 직접 본 적이 없습니다. 그러나 비교적 장기적인 관점으로 가치투자를 하는 사람 중에서는 100억 원 이상의 자산가들을 종종 봤습니다. 언론에서도 가치투자로 100억 원대 부를 이룬 사람들의 경험담을 볼 수 있지요. 이처럼 투자로 부자가 되려면 트레이딩에 한계가 있음을 인지해야 합니다.

올바른 방향을 찾는 것이 빠르게 도착하는 법이다

자산이 크게 불어나려면 장기투자를 하면서 기업과 함께 가는 길을 선택해야 합니다. 결국 저는 투자한 기업의 성장만큼 제 자산도 불어난다는 것을 깨닫고 투자 방법을 바꿨습니다. 물론 여기서 말하는 장기투자는 소위 '우량주'를 사두고 무작정 길게 보유하는 것이 아닙니다. 각자의 투자 원칙에 따라 해당 회사가 보유한 자원으로 물리적 성과를 창출하기까지 그 과정을 기다려준다는 뜻입니다. 그리고 제 투자 원칙은 뒤에서 충분히 설명하겠지만 간단히 말하면 성장하는 산업에서 부자가 될 회사를 선택하는 것입니다.

저는 이제 1~2년에 한 번 정도 투자를 합니다. 무료함을 달래기 위해 소액으로 단기투자를 할 때도 있지만 많은 자산을 움직이는 중요한 투자는 1~2년에 한 번뿐입니다. 애초에 확실한 산업과 회사에 투자할 경우 중간에 -5퍼센트가 오고 그 이상 하락하더라도 2~3년 동안 해당 산업과 회사에 투자할 생각이었기 때문에 흔들림 없이 기다립니다. 그러다가 나중에 좋은 시점이 왔을 때 충분한 수익을 내고 팔면 5억 원이 10억 원이 되고 다시 20억 원으로 바뀝니다. 더러 그렇게 투자하는 사이 단번에 급등하는 주식을 보기도 합니다.

그러나 이리저리 옮겨 다니는 투자자는 많은 세금과 수수료를 비롯해 잘못 들어간 탓에 벌어지는 손실로 인해 가랑비에 옷이 홀딱 젖기도 합니다. 반면 저는 중간에 평가손실이 나도 산업과 회사를 확신하면서 기다립니다. 그러면 어느덧 많은 수익이 따릅니다.

굳이 제 이야기가 아니어도 시장에서 이미 커다란 성공을 거둔 국내외 투자 대가들의 이야기를 들어보십시오. 그들 중 빠르게 차선을 변경하듯 이쪽저쪽으로 바쁘게 움직이며 투자해서 부자가 된 사람은 없습니다. 투자 대가들은 대부분 차분하고 느릿하게 투자해 커다란 자산을 만듭니다.

주식시장은 돈을 벌려고 덤비면 손실을 보는 곳이고 빠르게
벌려고 하면 빠르게 자산을 잃는 곳입니다.

반대로 해보십시오. 분명 놀라운 경험을 하게 될 것입니다. 일단 돈
을 벌려고 덤비지 말고 원금을 지키기 위한 투자를 하십시오. 더 빠른
차선을 찾지 말고 목적지로 정확히 데려다줄 차선을 타십시오. 그러
면 지금까지 경험하지 못한 신세계를 만날 겁니다.

이것은 우리보다 앞선 세대들이 벌써 그 결과를 확인하고 검증한
방법입니다. 그런데 무엇 하러 새로운 방법을 찾아 고생하십니까. 정
답은 이미 시장에 나와 있습니다.

'올바른 장기투자'가 주식투자로 부자가 되는 가장 빠르고
정확한 길입니다.

밸류에이션의 환상에서
벗어나기

밸류에이션은 투자 공식의 정답이 아니다

밸류에이션은 특정 자산이나 회사의 현재가치를 평가하는 프로세스를 의미합니다. 흔히 전문가들은 주식투자를 할 때 반드시 밸류에이션을 알고 투자하라고 조언합니다. 그렇다면 과연 밸류에이션에는 모두가 인정할 만한 가치가 정확히 반영되어 있을까요?

가치평가에는 수학 문제를 풀거나 물건의 수치를 재는 것처럼 딱 맞아떨어지는 정답이 없습니다. 다시 말해 밸류에이션에는 평가하는 사람의 주관이 개입되어 있다는 함정이 숨어 있습니다. 그래서 평가 주체에 따라 저평가와 고평가의 판단이 확연하게 달라지기도 합니다.

가치 분석은 투자자마다 중요시하는 부분과 가중치를 두는 부분이 달라서 객관적으로 가치를 측정하는 것이 쉽지 않습니다. 누구나 인정할 수 있는 객관적 측정이 어렵다는 얘기입니다. 이런 이유로 어떤 기업의 적정 가치가 몇인지 자신 있게 말할 수 있는 사람은 없습니다.

왜 이런 일이 생기는 걸까요?

가치는 보통 효용성을 금액으로 표현한 것인데 개인마다 효용의 기준이 달라 그에 따른 가치도 제각각 다르기 일쑤입니다. 대개는 기업가치를 평가해 현재 거래되는 가격이 자신이 측정한 가치보다 더 높으면 고평가로 보고 낮으면 저평가로 판단합니다. 예를 들어 누군가는 3만 원이 기업가치 대비 싸다고 평가해 매수하고 다른 누군가는 2만 원을 싸다고 얘기하며 또 누군가는 1만 원대를 말합니다.

이렇게 가치평가와 서로의 생각이 달라서 거래가 일어나는 것입니다. 누군가는 저렴하다고 생각해서 사들이고 또 누군가는 비싸다고 생각해서 팝니다. 예를 들어 같은 양의 물과 석유가 있다면 이것은 필요로 하는 사람에 따라 가치가 달라집니다. 당장 음식을 만들어야 하는 음식점 주인에게는 물의 가치가 높고 장거리 여행을 준비하는 사람에게는 석유의 가치가 높을 겁니다. 어제까지 음식을 만들던 사람도 오늘 외출해야 하는데 차에 기름을 넣어야 한다면 석유의 가치가 더 높아집니다. 이처럼 재화의 가치는 이용하는 사람이 같아도 그 사람의 가치관, 경험, 사용 용도에 따라 달라집니다.

기업가치를 평가할 때도 마찬가지입니다. 사람마다 입장, 주관, 경험에 따라 가중치를 부여하는 곳이 달라지는 것이지요. 결국 밸류에이션은 사람마다 달라집니다.

몇 년 전 한 대기업이 유명한 내비게이션 비상장 업체를 인수했습니다. 기업의 인수가격을 책정할 때는 인수자에 따라 적정가격의 판단이 달라지는데 이 대기업은 어떤 방식을 사용했을까요?

언론이 보도한 자료에 따르면 이 기업은 당시 내비게이션 업체가 보유하고 있던 가입자 수를 인수가격의 중요한 잣대로 삼았다고 합니다. 물론 기술력도 보았겠지만 실질적으로 인수가격을 정하는 데 가입자 수가 크게 작용했다는 거지요. 구체적으로 말해 이 대기업은 가입자 한 명당 가격을 매겨 인수가격을 정했습니다. 이때 흔히 기업을 평가하는 데 쓰이는 자산가치 등 다른 지표는 중요하지 않았거나 별다른 의미가 없었을 겁니다.

당시 회사는 600억 원대에 팔렸는데 외국 기업에 팔렸다면 1조 원에 가깝게 받았을 것이라고 평가하는 시각도 있었습니다. 이처럼 밸류에이션은 분석하는 사람에 따라 그 가치가 크게 달라집니다.

내 평가가 아닌 시장의 평가가 중요하다

재무제표를 보거나 가치투자 관련 책을 읽다 보면 현금흐름할인모

형$_{DCF}$으로 미래에 유입될 현금흐름을 현재가치로 할인해 기업가치를 평가한다는 설명이 자주 등장합니다. 그러나 미래 현금흐름을 현재가치로 할인하는 과정에서 이를 정확히 측정하는 것은 매우 어렵고 더구나 미래의 예상 매출과 수익을 따지는 과정은 사실상 불가능에 가깝습니다. 이런 이유로 대개 상대가치 지표를 많이 사용하는데 PER, PBR, PSR, EV/EBITDA가 대표적입니다.

가령 재무제표에 나온 수치와 시가총액을 비교해 얻은 수치 그리고 다른 회사에도 동일하게 적용한 수치로 회사 A가 회사 B보다 저평가 상태인지 아니면 고평가 상태인지 비교분석하는 방식입니다. 저는 이 방식으로 저평가와 고평가를 결정하는 데도 한계가 있다고 봅니다.

PER, PBR 같은 상대가치평가 방법으로는 특정 기업의 가치를 정확히 계산하는 것이 어렵습니다. 저는 비슷한 회사들의 수익, 장부가치, 매출액 증가율을 비롯해 회사 시가총액이 영업이익으로 창출한 금액 대비 몇 배로 거래되는지 분석해서 나온 숫자를 다른 회사와 비교해서 참조하는 정도로만 활용합니다.

우리는 지금 학문을 연구하는 것이 아닙니다. 그러므로 밸류에이션을 정확히 측정하면 저평가 여부를 완벽하게 알아낼 수 있다는 환상을 버려야 합니다. 밸류에이션은 정확히 평가하는 것 자체도 어렵지만 그 가치를 나만 인정하고 시장에서 인정하지 않으면 소용이 없습니다.

예를 들어 3만 원에 거래가 이뤄지는 회사가 있다고 해봅시다. 설령 자신이 이 회사를 2만 원짜리로 평가할지라도 시장에서 해당 회사 주가가 3만 원에서 내려오기는커녕 오히려 5만 원, 6만 원으로 오르는 경우도 있습니다. 반대로 자신의 평가대로 2만 원까지 내려왔을 때 매수했더니 1만 원으로 내려가는 일도 있지요.

이처럼 주식시장은 내가 생각하는 가치대로 움직여주지 않습니다. 당연한 얘기지만 더 중요한 것은 내 생각이 아니라 시장의 생각입니다.

밸류에이션 수치는 참조는 하되 기존에 우리가 배운 방식으로 답을 찾으려 하지는 마십시오. 그게 답이었다면 이미 많은 사람이 큰 부자가 되었어야 마땅합니다. 정작 중요한 것은 한 회사를 쥐 잡듯 샅샅이 분석하는 게 아니라 제대로 된 성장 산업을 찾아 그 산업에 속한 좋은 회사를 선택하는 일입니다. 학자가 아닌 투자자라면 그게 올바른 자세입니다.

그럼 기업을 어떻게 평가해야 할까요?

당연히 이런 궁금증이 생길 텐데 걱정하지 마십시오. 이 책은 시장에서 실질적으로 인정받을 수 있는 평가 방법을 담아내고 있습니다.

시장을 예측하는
마법의 지표는 없다

투자분석 툴에도 유행이 있다

유튜브나 TV에서 경제방송을 보면 간혹 어떤 기술적 지표를 사용할 경우 저점과 고점을 정확히 맞힐 수 있는 것처럼 브리핑합니다. 저도 한때는 그런 말을 믿었고 그럴 수도 있지 않을까 하며 철없이 받아들이기도 했습니다.

현실은 그렇지 않습니다. 차트나 기술적 지표를 보고 시장이 빠질 것을 미리 알아내거나 시장 방향이 바뀔 것을 초기에 예측할 줄 아는 사람이 있다면 저는 전 재산을 몽땅 그에게 맡기겠습니다. 그만큼 그런 일은 불가능합니다.

수익을 만들어주는 마법의 투자지표가 존재한다고 믿었거나 다른 사람의 말을 듣고 '혹'했다면 이제라도 마음을 접기 바랍니다. 그렇게 좋은 것이 있다면 혼자 돈을 왕창 벌지 뭐 하러 공개를 하겠습니까. 그런 것에 마음을 빼앗기지 마십시오.

상승과 하락을 예고해주는 마법의 투자지표는 존재하지 않습니다.

한때 투자자들 사이에 주식 보조지표로 볼린저 밴드(1980년대 초 존 볼린저가 고안해낸 지표로 추세 중심선인 이동평균선을 중심으로 상한선과 하한선을 설정하고 주가 변동에 따라 상하밴드 폭을 같이 움직이게 해 밴드 내에서 주가 움직임을 판단하는 지표)와 MACD 지표(장기와 단기 이동평균선 간의 차이를 이용해 매매 신호를 포착하고 추세를 파악하는 지표)가 유행하기도 했습니다. 어떤 기술적 지표를 보고 활용할 줄 알면 단기에 몇 배씩 상승하는 급등주를 미리 잡을 수 있다고 홍보하는 사람들도 있었지요. 이것을 사실로 믿고 비싼 회원비를 내며 그런 곳에 가입하는 사람들도 많았습니다. 지금도 유튜브나 온라인 홍보 배너를 보고 가입하는 사람이 있을지도 모릅니다. 편의점 아르바이트생이나 가정주부가 종목 추천을 받아 20억 원을 벌어 인생이 바뀌었다는 온라인 배너 광고도 종종 볼 수 있습니다. 주식을 전업으로 하는 제가 자신 있게 말합니다. 모두 가짜입니다! 이런 일은 절대 불가능하며 지금까지 본 적도 없고 앞으로도 볼 수 없을 것입니다. 광고에 속아 비싼 수업료를 치르지 않기를 바랍니다.

실은 저도 그런 게 있었으면 좋겠습니다. 그렇게 제 자산을 굴릴 수 있다면 일반인이 내는 수수료의 10배라도 낼 용의가 있습니다. 아쉽게도 그런 광고에 등장하는 사람은 모두 해당 업체에서 만든 허구의 인물이며 이는 회원 유치를 위한 마케팅 수단에 불과합니다.

가치투자도 마찬가지입니다. 밸류에이션을 확실히 측정해주거나 현재의 회사 상태를 보고 저평가인지 고평가인지 분석해 매수와 매도 시점을 정확히 알려줄 수 있는 투자분석 툴은 세상에 존재하지 않습니다. 어떤 회사의 저점과 고점은 그 회사가 속한 영업 환경으로 결정될 뿐 기술적 지표나 밸류에이션 지표가 말해주는 것이 아닙니다.

현재의 시가총액과 수익가치를 비교한 PER, 현재의 시가총액과 자산가치를 비교한 PBR, 수익성 지표로 널리 쓰이는 ROE 등은 외국인이 많이 사용한다고 해서 한때 크게 유행하기도 했습니다. 물론 지금도 투자자들은 이들 지표를 많이 사용하고 있습니다. 저 역시 이러한 지표를 자주 참조하지만 이것으로 매수와 매도 타이밍을 잡거나 저평가, 고평가 여부를 판단하지는 않습니다. 그저 참조하는 용도로만 활용할 뿐입니다.

투자지표가 알려주지 않는 내용을 보라

유망 축구선수를 뽑을 때 DNA, 혈액형, 신장, 체중, 체력만으로 손흥민이나 박지성 같은 선수로 성장할 사람을 찾을 수 있을까요? 이것은 몇 개의 펀더멘털 데이터로 월드스타를 찾으려고 하는 것이나 마찬가지입니다. 사실 손흥민 선수나 박지성 선수는 펀더멘털에 해당하는 체격 조건보다 의지와 환경의 영향을 더 많이 받았다고 봅니다. 실제로 세계에는 그들보다 체격 조건이 좋은 선수가 차고 넘칩니다.

몇 개의 투자지표만 보고 좋은 회사를 찾으려고 하는 것은 몇 가지 신체 조건만 보고 미래의 월드스타를 판별하려 하는 것이나 다를 게 없습니다.

해마다 많은 학생이 사회로 진출하는데 출신학교나 외모만 보고 그들이 훗날 성공할지 판단할 수는 없습니다. 그것은 하나의 참조사항일 뿐입니다. 멋진 외모에 명문대 졸업장을 갖춘 사람은 분명 다른 사람보다 첫 단추를 꿰기에 유리할 것입니다. 그러나 첫 단추를 잘 꿰었다고 원하는 인생을 살아가고 많은 자산까지 일궈낼 것이라고 보기는 어렵습니다. 그보다는 삶을 대하는 가치관, 태도, 인생관, 인성, 독서량 등이 더 정확한 지표일지도 모릅니다.

저는 다른 사람들이 중시하는 영어 성적, 명문대 졸업장, 외모보다 후자에 초점을 맞춰 회사를 분석하는 스타일입니다. 이 방법이 잘될 회사를 찾을 확률을 더 높여준다고 판단하기 때문입니다. 물론 좋은 인생관, 태도, 가치관을 지녔어도 인생이 잘 풀리지 않을 수도 있습니다. 주식에서는 이런 경우를 업황이 나쁜 산업으로 정의합니다. 회사의 사업 내용이 좋아도 업황이 나쁘면 살아남기 힘듭니다.

PER, PBR, ROE 등 우리가 주로 사용하는 상대가치평가 지표에는 업황이 나오지 않습니다. 그래서 더욱 주의해야 합니다. 실제로는 이들 지표보다 업황, 즉 산업이 잘되고 있는지가 해당 회사의 흥망성쇠에 더 큰 영향을 주는 경향이 있습니다.

또한 지금 재무적으로 은행잔고가 많아도 경영자의 자질이 부족하거나 기업문화가 좋지 않으면 혹은 업황이 어려워지고 있고 경영자에게 위기 대처 능력이 없으면 자산은 곧 줄어들고 맙니다. 이러한 내용은 투자지표에 나오지 않습니다. 따라서 투자지표는 참조용으로만 활용하고 산업과 경영자 분석을 비롯해 해당 회사의 제품, 기술력, 영업력 등을 살피는 데 많은 시간을 들여야 합니다.

다시 한 번 강조하지만 저평가와 고평가를 확실히 잡아내 미리 좋은 매매 타이밍을 알려줄 수 있는 지표는 세상 어디에도 없습니다.

주식을 싸게 산다는 말은
틀렸다

주식을 싸게 산다는 착각

과연 '주식을 싸게 산다'는 말은 맞는 표현일까요? 물론 가격이 싸다는 기준에 정답이 있다면 이 표현은 맞을지도 모릅니다. 싸다는 기준이 명확하다면 그리고 누군가가 그것을 정확히 알아본다면 그 사람은 세계 최고의 부자가 될 것입니다. 그런데 왜 주가 형성의 알고리즘에 대해 누구보다 깊이 있는 지식을 가지고 있을 회계사, 경영이나 경제를 전공한 박사, 대학교수 등 소위 최고 전문가들도 주식으로 큰돈을 벌지 못하는 걸까요?

'싸게 산다'는 기준에 정답이 없기 때문입니다. 앞에서 계속 언급했듯이 싸다거나 저평가의 기준이 평가 주체마다 다르고, 주가는 증권시장에서 거래하는 대중이 만들어가는 것이라 학계 최고 전문가가 분석한 가격대로 저가와 고가를 형성하지 않고 흘러갑니다. 전문가가 아무리 정확히 분석해도 해당 회사를 거래하는 대중의 관점이 다르면 싸게 사려는 가격이 평생 오지 않을 수도 있습니다. 또한 그들이 '이 정도면 고평가다', '더 오르기 어렵다'고 해도 주가가 계속 오를 수도 있지요.

지금은 모두가 정보를 비슷하게 공유하고 더욱이 실시간으로 전달을 받습니다. 여기에다 투자자들이 그 어느 때보다 공부를 많이 해서 투자 수준이 과거보다 훨씬 높아졌습니다. 이런 상황에서 과연 남들이 좋게 보고 탐내는 회사를 소위 말하는 담배꽁초 투자를 하듯 적정가격보다 훨씬 낮은 가격에 거래하는 일이 자주 발생할까요?

사실 이런 일은 최근의 코로나19 사태 같은 국제적 재난이나 금융위기만큼 커다란 사건이 아니면 만나보기 어렵습니다. 오히려 사지 않아야 하기에 혹은 많이 하락할 잠재적 이유가 있기에 과거보다 낮은 가격에 거래가 이뤄질 가능성이 큽니다. 더구나 서류에 나타난 지표만 보면 싸다는 이유로 매수할 위험이 생기기도 합니다.

가치투자 하면 으레 가치평가를 해서 싸게 산다는 내용으로 귀결됩니다. 여기서 싸게 산다는 것은 자산가치나 수익가치 대비 시가총액이 많이 빠져 있는 경우를 말합니다. 하지만 지금은 투자자들이 과거보다 스마트하고 정보를 독점하는 것도 쉽지 않아 좋은 가격에 싸게 사는 것이 굉장히 어렵습니다. 투자자들은 이러한 현실을 인정하고 받아들여야 합니다.

가격은 시장이 정한다

가치투자란 싸게 사서 무작정 기다리는 게 아니라 좋은 산업
에 속한 멋진 회사를 적정가격에 매입하는 것입니다.

이것이 제가 생각하는 가치투자의 정의입니다. 정말로 좋은 투자처는 수요가 많고 가치가 높게 매겨져 있어서 잘 하락하지 않습니다. 이는 강남 부동산이 불패신화를 오랫동안 이어가는 것과 마찬가지입니다. 이런 사고방식으로 투자를 하다 보니 저는 조금 비싸게 사더라도 제대로 된 투자처를 찾아 그곳에 투자하는 데 더 초점을 맞춥니다. 값이 싸다고 지방에 있는 부동산을 열 채 사느니 비싸도 강남에 있는 똘똘한 아파트 한 채를 사는 게 더 낫다고 보는 거지요. 저는 이 관점을 주식에 그대로 적용합니다.

핵심은 탁월한 회사를 적정가격에 매입하는 것입니다. 기업이 튼튼한데 미래 전망까지 밝아 누가 봐도 좋은 회사라면 싸게 거래되지 않는 것은 당연합니다.

2015년 반도체부품 회사 티씨케이의 주가가 주당 2만 3000원에서 7000~8000원대까지 하락한 적이 있습니다. 웨이퍼를 고정해주는 소모성 부품을 만드는 이 회사는 국내에서 독점적 위치에 있습니다. 티씨케이가 1만 원 이하로 내려갔을 때 저는 시장지배력과 향후 반도체 업황 등을 고려해 매수하는 게 적정하다고 판단했지요. 반면 제 주변의 다른 투자자들은 여전이 PER이 높다며 고평가로 보았습니다. 그들은 모두 주식투자에서 그들 나름대로 성과를 내는 투자의 고수였지만 투자를 꺼려했습니다.

이후 티씨케이의 주가는 3년 만에 8만 3000원까지 올랐습니다. 3년 동안 무려 10배가 오른 것이지요. 이처럼 투자자마다 관점이 다르기 때문에 저평가나 싸다는 기준을 판단하기가 굉장히 모호합니다.

주식투자에서는 당연히 비싸게 살 필요가 없습니다. 그러나 아주 싸다는 기준은 '내가 사고 싶은 가격'일 뿐 시장에서는 그 가격이 형성되지 않고 오히려 올라갈 수도 있습니다. 적정가격을 따질 때 이 질문을 해보십시오.

'과연 내가 생각하는 적정가격일까, 아니면 시장이 인정하는 가격일까?'

예를 들어 3만 원에 거래가 이뤄지는 주식을 보면서 2만 원을 싼 가격으로 여기고 그 가격을 기다리면 어떻게 될까요? 실제로 2만 원으로 내려갈 수도 있지만 시장에서 2만 4000원이나 2만 5000원까지 하락한 뒤 다시 올라갈 수도 있습니다. 누구도 시장에서 인정하는 가격을 무시하면 안 됩니다. 많은 투자자가 너도나도 2만 원으로 내려가길 기다리고 있다 보면 시세는 그 가격으로 가지 않고 올라가버립니다.

주식은 싸게 사는 것도 중요하지만 그보다 더 중요한 것은 업황이 대단히 좋은 곳에 속한 회사를 적정가격에 매입하는 일입니다. 지금은 좋은 회사를 싸게 사는 시대가 아니라 탁월한 회사를 적정가격에 매입하는 시대입니다.

이러한 변화를 외면하면 안 됩니다. 투자라는 생태계는 결국 사람이 만들어가는 것이기 때문입니다. 사람들의 지적 수준과 생활습관, 가치관, 유행 등은 시대가 변하면서 함께 변해간다는 사실을 기억해야 합니다. 물론 시대가 변해도 사람들이 궁극적으로 찾고자 하는 회사는 훌륭한 회사입니다. 그런데 그 '훌륭한'의 기준은 시대에 따라, 세월이 변해감에 따라, 시장 참여자들의 상황에 따라 달라집니다.

저는 주식을 매수할 때 싸게 사는 것에 초점을 맞추지 않습니다. 그보다는 제대로 된 회사를 선택하는 것이 더 중요하니까요. 이것은 곧 수익과 직결됩니다.

가치평가가 아닌
비즈니스 평가를 하라

비즈니스모델은 단순해야 한다

어떤 회사를 분석할 때 사람들이 가장 신경 쓰는 것은 재무제표와 차트 흐름입니다. 회사의 펀더멘털을 분석하는 것은 당연하며 이것은 특히 신경 써야 할 부분입니다. 이는 기본적인 것이고 여기서 한 발 더 나아가 살펴봐야 할 것이 있습니다.

회사에 돈이 어떻게 들어오는지, 무엇을 팔고 어떤 서비스를 제공해서 돈을 버는지, 고객이 기업인지 아니면 소비자인지, 회사 영업이 국내와 해외 중 주로 어디에서 이뤄지는지 등이 그것입니다. 원료를 어디에서 사오는지, 한 나라와 마찰이 생겼을 때 다른 나라에서 원재료를 구해올 수 있는지, 외교 문제가 판매에 영향을 미치지 않는지 등도 분석 요소입니다.

모든 분석에서 가장 중요한 요소는 '회사가 사업을 잘할지', '회사에 돈이 계속 밀려들지'입니다. 과거 지표는 아무리 좋아도 소용없습니다. 화려한 과거가 미래의 성공을 보장해주는 것은 아닙니다. 지금 차트가 제아무리 예뻐도 장대음봉이 일주일도 지나지 않아 두세 번 나오면 모두가 꺼리는 그림으로 바뀌고 맙니다.

무엇보다 회사 사업이 어떻게 이뤄지고 있는지 그 내용을 훤히 꿰고 있어야 합니다. 이것을 이해할 수 없으면 그 회사는 좋은 투자처가 아닙니다. 회사의 수익구조가 머릿속에 깔끔하게, 깨끗하게, 심플하게, 쉽게 그려져야 합니다. 전문지식을 갖추거나 많이 공부해야 이해가 가능하다면 좋은 사업모델로 보기 어렵습니다.

2019년 대한민국에서 필리핀으로 수출했던 불법 쓰레기가 다시 국내로 들어오는 사건이 발생해 떠들썩했지요. 업체 측에서 재활용이 가능한 쓰레기라고 속여 필리핀에 수출한 것이 문제의 발단이었습니다. 언론에 보도된 사진을 보면 그 양이 상당하다는 것을 알 수 있습니다. 앞으로도 축구장 여섯 개 규모의 쓰레기가 추가로 들어올 예정이라는데 여기에다 이미 수십만에서 백만 톤 규모의 불법 쓰레기가 각 지역의 들과 산에 널려 있다고 합니다.

이제 이 사건의 미래를 상상해봅시다. 국제적 망신을 당하고 다시

수거해온 쓰레기와 국내에 널려 있는 폐기물을 처리해야 하니 당연히 관련 업체가 그 수혜를 누리겠지요. 이런 분석을 하는 데 어려운 전문지식이 필요합니까? 쓰레기 대란으로 폐기물 업체가 돈을 벌어들이는 구조가 머릿속에 쉽게 그려지지 않나요?

이때 제가 주목한 곳이 폐기물 업체 코엔텍입니다. 코엔텍은 경쟁사 대비 월등하게 많은 매립지를 확보했는데 이는 앞으로 10년 동안 쓸 수 있다고 합니다. 폐기물 업계에서 경쟁력은 매립지를 얼마나 많이 확보하고 있느냐가 좌우합니다. 매립지를 신규로 확보하기가 대단히 어렵기 때문입니다.

왜 매립지 확보가 어려울까요? 간단하게 생각해봅시다. 만약 현재 살고 있는 집 근처에 쓰레기 매립장이나 폐기물 처리장이 생긴다면 어찌하겠습니까? 당연히 내키지 않을 겁니다. 그곳에 사는 어떤 주민이 그것을 반기겠습니까. 그래서 기업체나 정부, 지자체는 신규 매립지를 확보하는 데 상당히 애를 먹고 있습니다. 일단 주민 동의를 얻어야 하고 환경평가도 통과해야 하기 때문에 매립지 하나를 신규로 승인받는 데만 최소 3~4년이 걸립니다.

시장의 절대 '갑'을 찾아라

국내 폐기물 업체의 현황을 살펴보면 대부분 부지 면적이 길어야

1~2년 남은 것으로 알려져 있습니다. 물론 그들은 그에 맞춰 신규 매립지를 확보하기 위해 애쓰고 있습니다. 사정이 이렇다 보니 폐기물 처리 단가가 분기마다 오르고 있고 부르는 것이 값이 될 정도입니다.

앞서 말한 코엔텍의 영업이익률이 50퍼센트에 육박하는 것만 봐도 이 폐기물 업체의 위치가 어디쯤인지 감이 올 것입니다. 이 시장에서 누가 '갑'인지 알 수 있지 않나요? 이제 미세먼지에 이어 쓰레기 관련 주가 주목을 받는 시기가 온 것입니다.

사실 제가 쓰레기와 폐기물에 관심을 기울이기 시작한 것은 일상생활 속 쓰레기를 직접 처리하면서부터입니다. 결혼하고 나서 음식물 쓰레기를 내다버리고 재활용품 분리수거를 하면서 쓰레기 업체에 관심을 보이기 시작했지요. 저는 매일 쏟아져 나오는 쓰레기를 보면서 생각했습니다.

'땅도 좁은 우리나라에서 버려도 버려도 끝없이 나오는 이 쓰레기를 대체 어떻게 처리하는 걸까? 이 많은 쓰레기를 처리하려면 해당 산업이 크게 성장하겠구나. 일감이 끝없이 밀려들 테니 말이다.'

워런 버핏은 자신을 비롯해 소비자들이 즐겨 먹고 입고 사용하는 것을 눈여겨보고 회사를 선정한다고 합니다. 그 자신이 콜라 마니아라 그런지 그는 유독 코카콜라 주식을 좋아하는 것으로 알려져 있습니다. 정말로 일상생활 속에 답이 있습니다. 사람들이 애용하는 제품이나 서비스를 제공하는 회사는 주식시장에서도 스테디셀러 반열에 올라 있지요.

전문지식이 있어야 해당 업체를 분석할 수 있는 게 아닙니다. 사람들이 애용하면 해당 회사는 당연히 돈을 많이 벌 테고 그처럼 돈을 버는 과정을 쉽게 이해할 수 있는 회사가 좋은 회사입니다. 이것은 가치평가나 기술적 분석으로 이뤄지는 것이 아니라 사업모델로 접근하는 것입니다.

가치평가를 하기 전에 사업모델이 쉬운가부터 확인하십시오. 먼저 돈이 들어오는 구조를 쉽고 명확하게 이해할 수 있는 회사를 선정한 다음 가치평가를 시작하십시오. 차트를 보는 것도 마찬가지입니다. 이 순서가 바뀌면 안 됩니다.

네이버 증권 종목토론실을 멀리하라

글 하나로 주주를 움직일 수 있다는 착각

경제적 자유를 누리고 가족, 지인, 주변 사람 들과 행복하게 살아가기 위해서는 일단 스스로의 그릇을 키워야 합니다. 그리고 삶을 대하는 올바른 자세와 좋은 마음을 바탕으로 투자에 임해야 합니다. 여기에 주식시장의 헛똑똑이들을 걸러낼 줄 아는 눈도 필요합니다. 결코 재무학 지식, 투자 방법론, 투자지표가 우리를 부자로 만들어주는 것이 아닙니다. 이 사실을 깨우치는 것은 빠르면 빠를수록 좋습니다.

그럼 대체 누가 헛똑똑이일까요?

주식투자를 하면 인터넷을 많이 활용하게 마련인데 많은 사람이 찾는 주식 관련 카페나 게시판에는 가끔 정말 성인이 썼나 싶을 정도로 참담한 글이 올라오곤 합니다. 악담을 퍼붓거나 기존 주주의 마음에 비수를 꽂는 처참한 내용의 글을 여과 없이 올리는 것이지요.

온라인 카페나 게시판에서 나쁜 글을 쓰는 이유는 해당 주가가 빠지기를 바라기 때문입니다. 자신의 글을 읽고 주식을 파는 사람이 늘어나면 주가가 하락할 수 있으니까요. 이때 자기만의 논리를 마구 갖다 붙여 주가가 떨어질 수밖에 없다며 궤변을 늘어놓습니다. 현재 가격보다 더 낮은 가격에 사기 위해 다른 사람이 팔도록 유도하는 것이지요. 그렇게 난타를 가한 뒤 조금 내려오면 매수했다가 좀 오르면 다시 매도합니다. 반대로 자신이 판 종목의 시세가 오르면 약이 오르는지 다른 사람에게 골탕을 먹이려고 못된 짓을 하기도 합니다. 자신이 판 가격보다 더 빠지기를 바라는 마음에서 몽니를 부리는 것이지요.

이들이 바로 헛똑똑이 투자자입니다. 이상한 논리를 들이대는 글을 쓰며 사고팔기를 반복하는 투자자는 대체로 투자금이 크지 않습니다. 고작 몇백 원, 몇천 원 떼기를 위해 이러한 꼼수를 쓰는 것입니다. 하지만 이들이 놓치는 사실이 있습니다. 그런 방법으로는 결코 자산이 불어나지 않는다는 것이죠. 그날이나 그 주에는 돈을 버는 느낌이 들 수도 있지만 몇 년 지나 계좌를 열어보면 별반 차이가 없습니다.

부정적인 비평가의 말에 휘둘리지 마라

온라인 주식 카페에는 소위 주식 전문가라 불리는 사람들이 어떤 회사를 두고 이러쿵저러쿵 분석하는 글을 올립니다. 그런데 그들의 글은 해당 회사를 선택하면 안 되는 이유를 쭉 늘어놓은 부정적인 내용이 대부분입니다.

"이 회사는 동종업계 대비 PER과 PBR이 높아서 고평가 상태다."

"지주사라 지배주주 순이익으로 따지면 연결 대비 이익이 빠져서 실제 이익은 얼마 안 된다."

물론 그들도 그 나름대로 공부를 하고 많은 경험도 했다고 알려져 있지만 저는 이런 글은 주의 깊게 읽지 않는 편이 좋다고 생각합니다. 특히 초보 투자자나 직장인 투자자는 이러한 글에 마음이 흔들려 불안해질 수 있기에 더더욱 멀리해야 한다고 봅니다. 이들 역시 제가 생각하는 헛똑똑이 투자자이기 때문입니다.

특히 이들 중에는 투자를 하지 않으면서 부정적 의견을 내는 경우도 많습니다. 부정적인 말을 자주 하는 사람은 대개 큰 성공을 경험해본 적이 없거나 성공적인 삶을 살아가는 사람이 아닐 가능성이 높습니다. 직접 가보지 않은 길을 두고 이러쿵저러쿵 얘기하는 것은 가십거리에 불과할 뿐 정확한 조언이 아닙니다.

과거에 제가 몇 개 종목을 두고 글을 올리자 열 개 중 아홉 개 댓글이 부정적인 내용으로 가득했습니다. 실제로는 그 종목의 주가가 어찌나 잘 오르던지 저 혼자 많이 놀랐던 기억이 있습니다. 제가 투자한 회사와 관련해 다양한 의견이 나오면 저는 '아, 저렇게 보는 사람도 있구나', '이런 관점으로 생각하는 사람도 있네' 하는 정도로만 판단합니다. 나아가 의견을 제시하는 사람의 과거 투자내역을 살펴봅니다. 그동안 성과가 좋았는지 확인하기 위해서입니다.

주식을 하면서 저는 말만 번지르르한 투자자를 아주 많이 봐왔습니다. 정말로 잘 아는 사람이라면 지난 수십 년간 성과가 좋아 이미 많은 자산을 쌓았어야 맞지 않을까요? 만약 과거나 지금이나 남에게 훈수만 둘 뿐 정작 성과는 없다면 그 사람의 의견은 참조할 필요도 없습니다. 이러한 부정적 시각과 조언에 흔들리지 말아야 합니다.

투자를 하다 보면 조언을 구할 멘토가 절실해집니다. 당연히 조언은 자기 분야에서 성공한 사람에게 들어야 합니다. 그렇다고 반드시 성공한 사람을 직접 만나야 하는 것은 아닙니다. 서점에 가면 우리에게 좋은 조언을 제시하는 사람들의 수많은 글과 생각을 쉽게 접할 수 있습니다.

큰돈을 움직이는 사람은 게시판을 보지 않는다

사실 투자로 큰돈을 버는 사람은 온라인 게시판에서 쓸데없는 글을 쓰며 에너지를 낭비하지 않습니다. 그 시간과 에너지를 다음에 투자할 곳을 찾는 데 써야 하니까요. 투자금이 커서 주식을 쉽게 사고팔기 힘들기 때문에 악담을 써서 주가가 좀 내려오면 샀다가 다시 조금 오르면 파는 행동 자체를 하지 않지요. 자신이 판 가격보다 주가가 더 오를까 노심초사하면서 주가가 하락하길 바라며 악담을 하거나 악플을 달지 않습니다.

강남에 빌딩과 아파트 몇 채를 소유한 부자가 그런 곳에서 이러쿵저러쿵 글을 쓰며 노닥거리고 있을까요? 그들이 투자 경력도 짧고 조금 오르면 팔아치우고 다시 조금 빠지면 매수하는 소액투자자가 모여 얘기를 늘어놓는 곳에 큰 관심을 보일까요? 애초에 그런 곳에 가입하지 않을 가능성이 더 큽니다. 설령 주주의 동향을 살펴보고자 글을 읽더라도 큰 의미를 두지는 않을 겁니다.

다시 한 번 말하지만 부자들은 인터넷에 올라온 익명의 글에 시간을 할애하지 않습니다. 남을 비난하거나 비판하는 글에 관심을 보이지도 않습니다. 글을 올리는 일은 더더욱 없고요. 그러한 글에 의미를 부여하고 영향을 받는 사람들은 대체로 부자가 되려고 애쓰는 헛똑똑이 투자자입니다.

진정한 부를 일궈 주위를 챙기고 돌아보는 사람은 더 큰 복과 행운을 얻습니다. 세상사는 뿌린 대로 거두는 법이지요. 주식으로 부자가 되어 경제적 자유를 실현하기 위해서는 삶을 대하는 올바른 자세와 좋은 마음으로 살려는 인성을 먼저 갖춰야 합니다. 그것을 밑바탕으로 투자 안목과 경험을 쌓아야 진정한 부자가 될 수 있습니다.

쉽게 오는 정보를
경계하라

노력 없이 얻은 정보는 스팸일 뿐이다

'최고의 역세권과 조망권을 갖춘 마지막 남은 회사 보유 물량!'

길을 지나다 가끔 이와 비슷한 내용의 현수막을 본 적이 있을 것입니다. 이런 현수막을 보면 사람들은 보통 대수롭지 않게 생각하지만 더러는 '혹시' 하며 해당 물건에 관심을 보이는 경우도 있습니다.

그냥 상식선에서 간단하게 생각해봅시다. 현수막에서 말하는 대로 부동산에 물량이 실제로 존재하고 그것이 정말 좋은 물건이라면 현수막을 보는 사람에게까지 순서가 돌아올 정도로 남아 있을까요? 아마 그 회사 사람들이 벌써 샀거나 회사 직원들이 자기 지인에게 얘기해서 이미 다른 사람에게 가고 없을 겁니다. 현수막 내용처럼 정말 좋으면 그들이 빚을 내서라도 사지 않을까요?

실제로 강남이나 많은 사람의 관심이 몰리는 지역은 물건이 나왔다 하면 경쟁률이 수백 대 일에 달한다는 뉴스가 종종 나옵니다. 그런 곳에 현수막이 걸려 있는 것을 보았습니까? 현수막이나 홍보전단지를 돌리지 않아도 사람들은 기막히게 정보를 알고 몰려듭니다.

주식투자를 하는 사람들도 간혹 다음과 같은 정보를 얻습니다.

"내가 아는 거래처 대표님이 그러는데 조만간 큰 계약 체결이 공시로 나올 거래."

"지인이 다니는 바이오 회사가 곧 임상에 들어가는데 결과를 좋게 전망한대."

증권사 메신저로 이런 쪽지나 메시지를 받는 경우도 있습니다.

'홍길동 주식회사, 중국에 1조 원대 수주계약 임박.'

저 역시 이와 비슷한 메시지를 여러 차례 받아보았습니다. 나중에는 메시지를 받는 것이 싫어서 앱을 삭제해버렸지요.

잠시 생각해봅시다. 1조 원대 수주계약을 맺는다는 정보가 그 회사와 아무런 관련도 없는 나에게까지 왔다면 그게 과연 정확한 정보일까요? 설사 정확한 정보일지라도 그 정보가 내게 오기까지 얼마나 많은 투자처를 거쳤을까요? 뜬금없이 메시지를 받으면 최소한 이 정도 의심은 해봐야 합니다. 떠돌아다니는 메시지를 덥석 물면 그 회사에 투자해 돈을 벌 확률보다 미리 주식을 사놓고 가짜 뉴스 혹은 실제 뉴스를 퍼트린 사람에게 이용만 당할 확률이 더 높습니다.

값진 투자 아이디어는 스스로 발로 뛰고, 전화를 수십 통씩 걸어보고, 해당 제품과 서비스를 직접 구매해 사용해보아야 남보다 빠르게 얻을 수 있습니다. 원하지도 않는 정보들이 메신저로 성의 없이 '두둥' 들어오면 모두 쓰레기통에 넣으십시오. 그것은 그저 스팸에 불과합니다.

투자할 때는 이 말을 가슴에 새겨두어야 합니다.

'내 노력 없이 쉽게 흘러들어오는 정보 중에는 절대 값진 정
보가 없다!'

그 좋다는 정보가 내게 오는 동안 얼마나 많은 사람을 거쳤을지 생각해보십시오. 아마 숱하게 퍼졌을 겁니다. 따라서 그것이 내게 부가가치를 창출해줄 고급 정보가 아니라 이미 버려진 정보거나 누군가에게 이용당할 수 있는 정보임을 알아야 합니다.

저는 전화나 문자로 보내오는 정보 중에는 좋은 투자처가 없을 것이라 단정하고 아예 관심을 두지 않습니다. 현수막 정보는 더 말할 것도 없습니다. 설령 그들 중에 간혹 괜찮은 물건이 있을지라도 없다고 여기는 것이 정신건강에 이롭고 제가 정말로 에너지를 쏟아야 할 곳에 신경 쓰는 것이 낫다고 생각해 외면합니다.

좋은 투자 기회는 정보가 퍼지기 전에 시작된다

사업이든 부동산이든 주식이든 어떤 분야를 바라볼 때는 그 생태계는 물론 실체까지 파악하려 노력해야 합니다. 일단 그 생태계를 이해한 다음 그때부터 본격적으로 자세히 살펴봐야 하는 것이지요.

저는 주식투자에서뿐 아니라 식당이나 술집, 헬스클럽에서 직원 혹은 손님과 대화를 나누며 입체적으로 생각하고 생태계를 정확히 이해하려 노력합니다. 아니, 노력한다기보다 성격상 호기심이 많아 이것저것 물어보기를 즐깁니다. 놀라운 사실은 제가 질문하면 모두 술술 대답해준다는 점입니다.

제가 지금까지 주식투자를 하면서 수익률이 가장 높았거나 자산을 안정적으로 증식해준 회사는 대체로 발품과 손품을 팔아 얻은 정보에서 나왔습니다. TV나 신문 기사에서 쉽게 접한 정보 중 돈이 된 것은 별로 없었습니다.

그렇다고 '좋은 정보는 내게 오지 않나 보다'라고 생각해 스스로를 운 없는 사람으로 여길 필요는 없습니다. 다만 투자할 때는 좋은 투자 정보나 물건은 내게 쉽게 오지 않는다는 생각으로 조목조목 따져보는 것이 투자에 성공하는 방법입니다.

제가 주식으로 많은 수익을 남긴 때는 공개된 정보를 보고 주변 사람들이 동시에 좋다고 해서 샀을 때가 아니라 대개 다른 이들이 부정적이거나 관심이 없었을 때였습니다. 투자를 하다 보면 주변에서 어떤 회사가 좋다거나 어떤 회사를 살펴보라는 말을 많이 듣습니다.

저는 누군가가 특정 회사가 좋으니 한번 살펴보라고 하면 해당 종목을 분석하기는커녕 아예 관심도 두지 않습니다. 평소 해당 회사를 좋게 봤더라도 다른 사람이 그런 말을 해오면 벌써 투자 기회가 사라졌다고 생각하고 접습니다. 그 투자자가 제게 말할 정도면 이미 많은 사람이 좋게 볼 것이므로 제 관심에서 지우려고 하지요.

정말로 좋은 투자 기회는 다른 사람들이 잘 모를 때 시작됩니다. 많은 사람이 알아채고 관심을 보일 때는 해당 투자에서 나와야 할 시기입니다. 저는 일정 수준의 경험과 지식을 쌓은 뒤부터 이러한 투자 자세를 견지해왔습니다.

아무런 노력도 기울이지 않았는데 좋은 정보가 쉽게 오는 경우는 없습니다. 이 점을 꼭 기억해야 합니다.

제가 주식 관련 온라인 카페나 종목토론실에 가는 이유는 새로운 정보를 얻기 위해서가 아니라 제가 선택한 회사에 사람들이 얼마나 관심을 보이는지, 어느 정도 내용을 파악하고 있는지 살펴보기 위해서입니다. 만약 제가 좋게 보는 내용을 그들이 모른다면 2~3년 뒤 제 자산이 그들의 현재 무관심 크기에 비례해 커질 것이라는 기분 좋은 생각을 하며 종목토론실을 나옵니다. 제가 아는 내용이 공개되어 모두가 좋게 보고 환호할 때를 기다리면서 말입니다.

애널리스트 자료를 읽기 전에
알아둘 것

애널리스트 분석의 오류

증권사에서 제공하는 분석 자료를 볼 때는 여의도 증권가의 생태계를 잘 인지하고 접해야 합니다. 우선 보고서를 작성하는 애널리스트는 회사에서 급여를 받는 일반 샐러리맨입니다. 그러다 보니 애널리스트 자신도 여느 샐러리맨과 마찬가지로 직급과 연봉이 오르기를 희망합니다.

애널리스트의 연봉이 오르려면 분석 자료도 잘 만들어야 하지만 실은 그 자신의 경쟁력보다 그가 맡은 업계의 업황이 좋아야 합니다.

가령 자동차 업계를 맡았다면 그쪽 업황이 좋을 때 자동차 산업과 회사를 긍정적으로 얘기해서 주가가 올라야 그 애널리스트의 몸값이 오를 여지가 커집니다. 반대로 개인적으로 아무리 유능해도 업황이 나쁘면 그 애널리스트를 찾는 사람도 적고 자료를 요구하거나 투자하려는 수요가 줄어들어 몸값이 떨어질 가능성이 큽니다.

그래서 자신의 몸값을 높이고 시장에서 자신이 속한 업종과 회사가 주목받게 하려고 실제보다 긍정적으로 평가한 자료를 낼 확률이 높습니다. 더구나 좋지 않은 시기라 많은 사람이 나쁘게 보는 산업을 분석할 경우 누가 '실제로는 더 나쁘다'라는 식의 자료를 내겠습니까.

그러므로 시장에 나오는 애널리스트의 분석 자료를 '전문가가 썼으니 맞겠지', '이쪽에서 오래 일했으니 잘 알겠지' 하는 생각에 액면 그대로 받아들이면 안 됩니다.

실제로 저는 얼마 전까지만 해도 자신의 섹터에 부정적이던 애널리스트가 갑자기 주가가 급등세를 타자 시장 전망을 확 바꿔버리는 사례도 보았습니다. 그 뒤 어떻게 되었을까요? 시세를 보고 소신 없이 전망을 바꾸었으니 분석이 들어맞을 리 있겠습니까. 얼마 지나지 않아 해당 업종 종목들은 시세가 꺾였고 그 애널리스트는 다시 시황관을 부정적으로 바꾸는 보고서를 작성해 뒷북을 쳤습니다.

시장에서는 의외로 이런 일이 흔하게 벌어집니다. 심지어 어떤 회사에 투자하는 것을 내심 꺼리면서도 고객(기업도 애널리스트에게는 고객이므로)과의 이해관계 등을 고려해 보고서를 작성하는 경우도 있습니다. 예를 들어 '지속성장 기대', '꾸준한 성장' 같은 투자 의견은 보고서에 애정이 크다고 볼 수 없습니다. 그저 고객과의 관계를 의식했거나 형식적으로 나온 보고서일 가능성이 큽니다. '여전히 저평가 구간'이라고 쓰는 경우도 지금은 주가가 올라 고평가 영역이긴 하지만 멀리 내다보면 저평가라는 뜻으로 해석할 수 있지요. 그러므로 이러한 자료는 주의해야 합니다.

목표가를 설정할 때도 문제가 발생합니다. 주가평가는 보통 해당 회사가 현재까지 벌어들인 순이익이나 앞으로 벌어들일 순이익에 애널리스트 자신이 적정하다고 생각하는 주가수익비율을 곱한 수치로 이뤄지는데 바로 여기서 문제가 발생하는 것입니다.

해당 회사가 앞으로 얼마나 돈을 벌지 정확히 알 수는 없습니다. 여기에다 적정한 멀티플$_{multiple}$(배수. 대표적으로 PER과 PBR이 있음)을 이야기할 때 그 적정 기준을 누가 정한 것인지, 시장이 적정하다고 말하는 멀티플을 인정할 것인지 등의 이슈가 있습니다.

대개는 해당 회사의 시장지배력, 특허권, 네트워크, 브랜드 이미지 등을 고려하는 것이 아니라 그저 지금까지 만들어진 순이익이나 다음 분기 혹은 그다음 분기 순이익 전망치에 자신이 적정하다고 판단하는 주가수익률을 곱해 적정주가와 목표가를 설정합니다. 해당 회사의 한 분기나 다음 분기 정도는 회사 관계자의 말을 참조해 어느 정도 예측해볼 수 있으나 1~2년 이상의 예상치는 알 수 없습니다. 그런데 어떻게 향후 몇 년의 이익을 예측해 적정주가와 목표가를 산정할 수 있겠습니까. 이것은 굉장히 어려운 일입니다.

　해당 회사의 가치와 향후 이익은 현재 회사가 보유한 무형가치, 브랜드 인지도, 네트워크, 기술력, 제품 디자인 능력, 마케팅 능력 등이 한데 모여 만들어집니다. 그런데 어떻게 다음 한 분기나 두 분기 정도의 이익 전망만으로 해당 회사의 적정주가를 논할 수 있겠습니까. 단순히 순이익만 놓고 작년에 얼마를 벌었으니 내년에는 얼마를 벌 것이라고 생각하는 것은 난센스입니다.

애널리스트가 정말로 알려줘야 하는 것

우리가 흔히 접하는 기업 분석 커버 자료는 실적에 근거해 매수, 중립, 매도 의견을 냅니다. 그리고 해당 실적과 업종 평균치 등을 비교한 것에 해당 애널리스트의 주관적 견해를 합해 목표가를 설정합니다. 그 결과 해당 회사의 적정 시가총액이 어느 정도니 PER은 몇 배에서 거래되는 것이 맞는다는 말을 합니다.

　가령 여러분이 회사를 인수한다고 해봅시다. 이때 애널리스트들이 흔히 하는 목표가 설정 방법으로 평가하면 어떨까요? 현재 시가총액이 2000억 원인데 현재 분기 실적에 지난 수년간의 연평균 성장률에 기반한 미래 이익을 프리미엄으로 얹은 적정가격이 3000억 원이라고 하면 회사를 3000억 원에 인수하겠습니까?

회사를 인수할 때는 조직 하나하나를 떼어보고 현재의 제품 경쟁력과 시장점유율을 비롯해 앞으로 시장점유율을 계속 높여갈 수 있는지, 미래 이익을 위해 신제품이나 연구개발에 힘을 쏟고 있는지, 현재 어느 정도 해자를 갖추고 있는지 알아봐야 하지 않을까요? 여기에다 해당 회사의 제품과 서비스를 이용하는 고객을 찾아가 평가를 들어보는 등 알아봐야 할 것이 많습니다.

따라서 애널리스트 자료는 실적에 초점을 맞추는 게 아니라 다음 내용을 알려줘야 합니다.

- 회사가 속한 산업의 현재 상황
- 회사의 산업 규모와 전망
- 회사의 경쟁사 현황
- 회사의 시장 평가
- 종합적인 투자가치 분석

현재 드러난 이익만으로 혹은 대충 5~10퍼센트 성장률을 대입해 만든 불확실한 이익 추정치로 그 회사의 적정 시가총액과 매수, 매도 의견을 내는 것은 곤란합니다. 1~2년 뒤 글로벌 경제 상황이 어떻게 될지, 고객사나 경쟁사가 어떻게 바뀔지 아무도 알 수 없으니까요.

예를 들어 여러분이 집 앞에 있는 제과점을 인수한다면 작년과 올해의 매출, 이익만 보고 그 제과점을 인수하겠습니까? 그렇지 않을 겁니다. 먼저 주변 상가 시세를 살펴보고 앞으로 임대료가 높아질 가능성이 없는지 건물주를 만나봐야 합니다. 또 앞으로 그 제과점 주변으로 유동인구가 더 늘어날 요인이 있는지, 상권 침체 가능성은 없는지, 상권에 속하는 사람들의 소득수준은 어느 정도인지, 소득수준이 높아서 비싼 제과를 갖다놓아도 팔릴 것인지 등을 입체적으로 조사해야 합니다. 아마도 꼼꼼히 조사하고 그 제과점을 운영해 투자한 금액 이상으로 돈을 벌 수 있겠다는 확신이 서야 인수할 것입니다.

주식투자를 할 때도 마찬가지입니다. 회사에서 내보내는 장밋빛 보도 자료, 현재의 이익과 주가 관계로 보는 PER 등만 보고 투자하면 안 됩니다. 불명확한 보고서에 기대 투자를 하면 자산 증식은커녕 있는 자산마저 갉아먹을 수 있습니다.

내 회사를 산다는 생각으로 주식을 사라

저는 필요하다면 회사를 확인하기 위해 해외일지라도 직접 찾아갑니다. 제가 갈 수 없는 상황이면 사람을 보내서라도 확인을 합니다. 국내에 있는 회사라면 아무리 멀어도 직접 찾아가 제 눈으로 확인해보고 경쟁사 제품도 구해 써보며 회사를 분석하지요.

한번은 어떤 회사에 갔더니 그 자리에 국내에서 손꼽히는 대기업 애널리스트가 있었습니다. 그는 시간이 없다며 올해 예상 가이던스

$_{guidance}$를 불러달라고 하더니 그것만 받아 적고 회사에서 준 자료를 챙겨 곧바로 떠났습니다.

흥미롭게도 그 회사의 주가는 나중에 10배나 상승했습니다. 당시 그 애널리스트는 자신과 자신의 고객에게 큰 부를 안겨줄 기회를 눈앞에서 놓쳐버린 셈입니다. 모든 애널리스트가 이렇게 행동하는 것은 아니지만 상당수가 여전히 이번 분기 실적, 다음 분기 실적 그리고 올해 예상 가이던스에만 몰두하는 게 현실입니다.

주가를 분석하면서 제가 가장 관심을 두지 않는 부분이 이번 분기 이익입니다. 저는 이것을 거의 묻지도 않고 관심을 주지도 않습니다. 회사와 업황이 좋으면 이익은 알아서 늘어나니까요. 사실 해당 직원에게 물어도 그 직원은 자기 일만 하기 때문에 그림을 거시적으로 보지 못하는 경우가 의외로 많습니다. 그들은 단지 오늘 해야 하는 일에만 신경 쓸 뿐입니다. 글로벌 동향이 어떻게 흘러가고 어떤 제도나 규제가 생길 수 있으며 그것이 수혜 혹은 악재가 될 수 있음을 얘기해도 바깥세상에 무심한 채 오직 지금 하는 것에만 관심을 두는 경향이 강합니다.

탐방을 다녀보면 그렇지 않은 회사를 찾는 게 더 어려울 정도입니다. 따라서 IR(투자자들에게 기업 정보를 제공하고자 작성하는 문서) 담당자의 직급도 눈여겨봐야 합니다. 직급이 높을수록 회사 전반과 경쟁사, 산업 전체를 보는 안목으로 일할 확률이 높습니다. 반면 직급이 낮으면 자기 일만 하느라 다른 부서 이야기는 같은 회사에서 일하는 사람이 맞나 싶을 정도로 내용을 모르는 경우가 많습니다.

회사를 분석하거나 다른 사람이 분석한 자료를 볼 때는 이번 분기 이익 혹은 연간 가이던스가 중요한 게 아닙니다. 이를테면 제과점에 빵을 사러 올 사람이 앞으로도 많을지, 내 가게 옆에 다른 대형 제과점이 생길 가능성은 없는지, 내가 운영할 프랜차이즈의 본사 경영 방식이 점주를 얼마나 위하는지 등에 관심을 기울여야 합니다. 한마디로 내가 회사를 인수한다는 생각으로 주식을 사야 한다는 얘기입니다.

시세차익을 조금 남기고 팔 게 아니라 혼을 바쳐 내가 경영할 회사를 통 크게 인수한다고 생각하고 과연 이 회사가 인수할 만하고 나중에 내 자식에게 물려줘도 좋은 회사인지 따져보십시오. 올해 예상 이익이 200억 원이다, 지금 시가총액이 3000억 원이다, PER이 15배로 경쟁사 20배보다 싸다는 식의 분석은 주식으로 부를 만드는 데 전혀 도움이 안 됩니다. 오히려 20배인 회사가 그만큼 받을 가치가 있어서 나중에 30배로 올라가고 싸다고 산 15배짜리가 주가가 하락하면서 PER도 13배, 10배로 떨어지는 일이 비일비재합니다.

내 주식에도 얼마든지 일어날 수 있는 일입니다. 그런 불상사를 겪지 않으려면 주식에 접근하는 방식을 바꿔야 합니다.

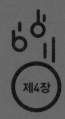

제4장

투자하고 싶은 기업이 아닌
사고 싶은 기업을 찾는다

: 선물주는산타의 종목 고르는 법

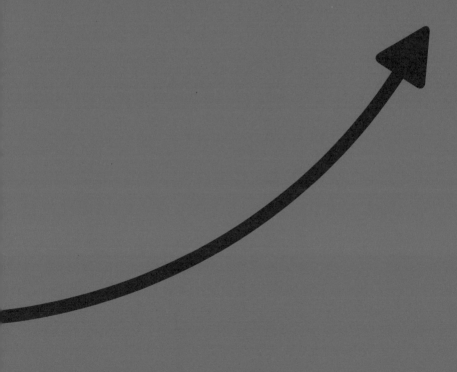

66

나는 원초적이고 직관적이며
심플하게 기업을 평가한다.
부자가 될 기업에 투자하라!

99

같은 브랜드라도
강남의 아파트를 사야 하는 이유

부자가 많이 있는 곳에 부의 기회가 있다

온라인 주식 카페에 가면 종목을 분석한 글을 많이 볼 수 있습니다. 그 글은 보통 PER, PBR, ROE 등 기업 분석에만 초점을 맞추고 있지요. 대개는 현재 주가가 기업 이익 대비 몇 배에 거래되고 있는지, 회사 자산 대비 시가총액이 몇 배인지, 회사 자본 대비 어느 정도 수익성을 보이는지 같은 수치를 나열합니다. 물론 이러한 분석도 필요하지만 이는 기본적인 확인 사항일 뿐입니다. 즉, 참조 사항에 불과하며 투자 성과를 결정짓는 핵심은 아닙니다.

과연 누구나 다 아는 투자 지표와 내용으로 남들이 못 보고 있는 좋은 투자 기회를 발견할 수 있을까요? 예를 들어 자신이 사는 동네에 멋진 상가 빌딩이 들어섰다고 해봅시다. 그 건물을 구입해 임대를 주고 싶어서 인수할지 말지 고민 중이라면 먼저 무엇을 봐야 할까요?

저라면 건물 주변의 상권을 우선 조사하겠습니다. 건물이 아무리 멋지고 주차시설을 잘 갖추고 있더라도 해당 상권이 죽어 있고 앞으로 더 우울할 전망이라면 건물을 사도 세입자를 구하기가 어렵습니다. 공실로 남아 있는 건물은 건물주에게 상당한 골칫거리입니다.

반대로 같은 위치에 주차시설이 없어 불편하고 낡은 상가 건물이 있다고 해봅시다. 비록 오래되어 허름하지만 상권이 대단히 좋고 유동인구가 많아 전망도 밝다면 어떨까요? 그 건물의 위치가 좋다면 낡고 허름해도 세입자를 구하기 쉽고 임대료도 비싸게 받을 수 있을 겁니다. 바로 이런 건물을 인수해야 합니다.

이 당연한 얘기가 주식으로 오면 상황이 조금 달라집니다. 흥미롭게도 사람들은 신경을 온통 건물에만 집중합니다. 건물이 최첨단이고 디자인이 고급스러운지, 주차시설이 좋고 승강기나 에스컬레이터를 잘 갖추고 있는지 등 건물 자체에 초점을 두고 투자를 한다는 얘기입니다. 설령 초고속 승강기와 편리한 에스컬레이터를 갖추고 대형 주차장을 구비했더라도 그것이 유동인구가 별로 없는 지역에 있는 건물이라면 과연 세입자를 구할 수 있을까요?

'인구 자체가 적어 유동인구가 별로 없는 지역의 건물.'

이렇게 압축해서 표현하니 느낌이 확 오지 않습니까? 제 경험상 높은 수익률을 보이고 투자에 성공할 확률이 높았던 때는 대개 상권을 잘 분석해 나를 부자로 만들어줄 지역을 찾은 뒤 그 안에서 건물을 택했을 경우입니다.

마찬가지로 저는 주식에서도 전망이 좋은 산업 내의 회사 중에서 '부자가 될 회사인가'를 분석합니다. 해당 회사가 부자가 되면 그 회사 주식을 들고 있는 주주도 당연히 부자가 되니까요.

동일한 브랜드에다 마감재나 평수, 방향이 같은 아파트도 강남과 지방은 가격상승률이 각각 다릅니다. 왜 그럴까요? 가치투자 관점으로만 접근하면 원재료가 같고 동일한 브랜드니 값을 싸게 책정한 지방 아파트를 살 확률이 높습니다. 지방은 도시와 달리 공기가 좋고 조용하다는 이점을 내세워 제대로 된 평가를 받지 못하고 있으니 값싼 지방 아파트를 사야 한다는 논리를 펼치는 것입니다.

그렇다면 지방과 강남 중 어디에 부자가 많습니까? 이제 감이 오나요? PER, PBR, 사업회사인지 혹은 지주회사인지 같은 투자지표는 참조 항목일 뿐입니다. 투자에서 정작 중요한 것은 '이 회사에 투자할 만한 가치가 있는가'입니다. 즉, PER이 몇 배 이하여야 저평가고 투자할 만한 가치가 있다는 식의 사고로 접근하면 안 됩니다.

부자가 될 회사와 부자들이 몰려 있는 곳, 지금도 부자지만 앞으로 더 큰 부자가 될 사람이나 회사와 함께해야 자신도 부자가 될 수 있습니다.

2019년 코스닥 시장에서는 5G 시장에 몸담고 있는 회사들이 부자가 되었습니다. 일부 회사는 2020년이나 2021년부터 부자가 될 것입니다. 우리는 2020~2022년에 어떤 산업에서, 어떤 회사가 부자가 될지 찾기 위해 노력해야 합니다. 그렇게 찾아낸 회사가 훌륭한 펀더멘털을 갖추고 있고 시장 내 입지와 인지도가 있으며 일정 정도 이상의 이익률을 낸다면, 그 회사가 속한 산업이 성장하면서 회사와 주주가 부자가 될 확률이 높습니다.

시장을 분석하는 통찰력을 키우는 법

저는 평소에 늘 투자와 관련된 생각을 하며 살아가기 때문에 일상생활에서도 뭐든 가볍게 지나치는 법이 없습니다. 가령 운전을 하면서도 어느 지역에서든 상권을 관찰하며 실제로 제가 그곳에 투자한다는 관점에서 주변을 살펴봅니다. 우리가 길에서 흔히 마주치는 점포 중 하나가 편의점인데 저는 지방에 가거나 구도심을 지나면서 의아한 곳에 위치한 편의점을 몇 번 본 적이 있습니다.

'왜 이런 곳에 편의점을 차렸을까?'

장사는 돈이 많은 고객을 대상으로 하는 게 유리합니다. 잠재고객들의 라이프스타일을 이해하면 사업이 훨씬 더 수월해지지요. 임대료를 줄이기 위해 외진 곳에 가게를 차리거나 소득수준이 낮은 지역을 점포로 선택하면 수입이 적어 임대료와 직원 급여를 챙겨주기에도 빠듯합니다. 소득이 낮은 사람은 차로 10분 거리에 있더라도 대형할인점에 가서 한 번에 장을 보려고 하지 집 앞에서 비싸게 물건을 사려고 하지 않습니다. 소득이 낮으면 제품가격 500원, 1000원에도 민감할 수밖에 없으니까요.

편의점은 소득수준이 낮고 주택이 밀집한 곳보다는 비싼 임대료를 감수하고 고소득자가 많은 지역에 점포를 내야 차로 2분~3분 거리에 대형할인점이 있어도 장사가 더 잘됩니다. 소득수준이 높으면 편의점에서 파는 제품가격이 몇백 원, 몇천 원 더 비싸더라도 제품 몇개를 사려고 굳이 대형할인점까지 가지 않습니다. 귀찮기 때문입니다.

저는 음식점을 볼 때도 이런저런 생각을 합니다.

'이렇게 음식 솜씨가 좋은데 왜 이런 곳에 가게를 냈을까? 초기 투자금이 커도 유동인구가 많은 곳에 가게를 냈으면 오히려 투자금도 더 빨리 회수하고 더 많은 돈을 벌 텐데….'

평소 길을 걸으면서도 습관처럼 분석을 하는데 주식투자를 할 때는 오죽하겠습니까. 제가 주식투자를 할 때는 회사에만 집중하는 것이 아니라 시장 전체를 보려고 합니다. 이를테면 미국, 중국, 일본 등 각국의 지정학적 요인을 살펴보고 정치 지도자들의 성향과 이념에 따라 어떤 정책을 펼 것인지까지 고려합니다.

그러한 판단 아래 일단 제가 진입해야 할 산업과 피해야 할 산업을 구분합니다. 그렇게 산업을 정하고 난 뒤 인수하고자 하는 회사로 투자 대상을 좁혀갑니다. 이때 해당 회사의 주가수익비율과 주가순자산비율 같은 지표는 그저 참조 용도로만 활용합니다.

이런 관점에서 보면 전업 투자자보다 여러 상황을 접하고 많은 사람과 이야기를 나눌 수 있는 직장인, 다양한 고객을 상대하는 자영업자에게 사회를 여러 시각으로 바라볼 기회가 더 많을지도 모릅니다. 앞서 말했듯 가짜 정보에 속지만 않으면 이들은 많은 사람과 접촉하면서 생각의 폭을 넓힐 수 있습니다. 여기에다 스스로 생각하는 습관이 있다면 금상첨화입니다.

일상에 투자 기회가 숨어 있다

저는 어려운 주식 책을 읽거나 전문 회계, 재무 지식을 바탕으로 투자해서 자산을 쌓은 것이 아닙니다. 순전히 일반인의 관점에서 일상생활에서 일어나는 일에 관심을 기울인 덕분에 큰돈을 번 것입니다. 지나고 보니 제게 큰 수익을 안겨준 것은 거의 대부분 일상생활에서 얻은 아이디어 덕입니다. 그렇게 얻은 아이디어를 바탕으로 해당 산업이 크게 성장할지 따져본 뒤 그 안에서 최적의 회사를 찾아냈을 때 높은 수익이 찾아왔습니다.

지금 우리에게 커다란 문제로 다가온 미세먼지도 마찬가지입니다. 저는 워낙 환경에 관심이 많아 다른 사람들보다 좀 더 세심하게 미세먼지 문제를 살펴보았습니다. 무엇보다 그 근거부터 추적해 들어갔지요. 우선 전 세계 생산 공장이 중국으로 이동하면서 중국의 공장가동률이 높아졌습니다. 또 중국에는 겨울철에 석탄을 사용하는 가정이 많다는 것을 일반 뉴스와 신문 기사로 알고 있었습니다.

그런데 어느 순간 계절이 바뀌어 중국에서 바람이 불어오기 시작하면 시야가 뿌옇게 변한다는 것을 깨달았습니다. 처음에는 안개인가 싶었는데 잘 살펴보니 미세먼지였지요. 분명 날씨는 맑았지만 운전할 때 주변 건물들이 잘 보이지 않았습니다. 그런 경험을 하면서 저는 미세먼지가 사회문제로 떠오르리라는 것을 확신했습니다.

이를 계기로 미세먼지 섹터, 즉 미세먼지로 성장할 산업을 찾아보았고 그 산업에서 알아낸 회사가 당시 시가총액이 300억~400억 원대에 불과하던 크린앤사이언스입니다. 이 회사는 공기청정기 필터와 자동차 에어필터를 제조하는 회사지요.

대한민국의 공기가 좋던 10여 년 전만 해도 매력적으로 보이지 않았을 이 회사가 시대가 변하면서 매력도가 상승한 것입니다. 식당으로 보자면 근처에 회사가 많아지면서 유동인구가 늘어나고 점심과 저녁을 먹을 잠재고객이 많아진 셈입니다.

필터 회사의 성장에 큰 영향을 주는 것은 미세먼지입니다. 중국이 성장할수록 미세먼지가 극성을 부릴 거라고 판단한 저는 크린앤사이언스의 몸값이 크게 불어날 거라고 예상했습니다. 실제로 이 회사의 주가는 제가 처음 접했을 때보다 시가총액이 5배 이상 상승한 2000억 원 수준을 보이고 있습니다.

투자할 때는 인수하고 싶을 만큼 탐이 나는 회사를 선택해야 합니다. 내가 인수하고 싶은 마음이 들지 않는 회사의 주식은 갖고 있어봐야 마음만 불편할 뿐입니다. 내가 그 정도로 매력을 느끼지 못한다면 다른 사람도 마찬가지니까요. 그런 회사는 주식을 매수해봐야 오르지 않을 확률이 높습니다.

주식을 사서 좀 오르면 팔아치우는 식의 매매를 하면 주식 수급과 당장의 인기, 제대로 된 것인지 알 수 없는 정보만 쫓아다닐 수밖에 없습니다. 차트상 좋아 보이는 것, PER이 낮은 것 그리고 TV 경제방송이나 온라인 전문가들이 투자지표만 보고 예측한 것을 추종해 투자하면 부자가 될 수 없습니다.

반면 경영자 지분율이 높고 현재 부자 회사이면서 앞으로 더 많은 부를 창출할 만한 회사 중 실제로 인수하고 싶은 곳에 투자하면 주식으로 크게 손실을 보거나 마음고생을 하는 일은 거의 없을 것입니다.

단순히 사고파는 매매 개념으로 주식에 접근하지 마십시오. 세상이 어떻게 돌아가는지 관심을 기울이고 그로 인해 성장할 산업을 찾은 다음 또 그 안에서 통째로 인수할 회사를 찾는다는 생각으로 접근해야 합니다. 그러면 분명 투자를 하면서 지금껏 경험하지 못한 심리적 안정과 월등한 수익률을 경험할 것입니다.

아무리 좋은 우산도
맑은 날에는 필요 없다

1등 기업도 산업이 불황이면 폭락을 피할 수 없다

투자에 앞서 제가 가장 고려하는 것은 어떤 종목을 보며 저평가냐, 내용이 좋으냐가 아닙니다. 다시 한 번 강조하지만 종목이 아니라 산업을 먼저 찾아야 합니다. 앞으로 눈부시게 성장할 산업을 찾아야 하지요. 향후 몇 년 동안 시장을 강하게 이끌 정도로 태풍의 눈이 될 만한 산업이 가장 좋습니다. 종목은 산업을 선정하고 나서 찾아도 괜찮습니다.

제 주식 철학을 한마디로 정의하자면 이렇습니다.

'확실하게 성장할 산업에 속한 회사인가, 아닌가?'

저는 항상 이 질문으로 시작하며 이것은 제게 거의 절대적입니다. 아무리 뛰어난 재무제표, 우수한 경영진, 내용이 좋은 제품과 서비스를 갖추고 있어도 성장 산업에 속한 회사가 아니면 제게는 그저 그런 회사일 뿐입니다. 심하게 말하면 투자하지 말아야 할 관심권 밖의 회사죠. 또한 펀더멘털과 사업모델이 멋져도 성장 산업에 속한 회사가 아니면 제게는 투자가치가 없습니다.

저도 한때는 보텀업 투자라고 해서 회사를 먼저 살펴보는 투자를 했습니다. 이것은 지금도 많은 투자자가 사용하는 투자 방식이지만 회사를 분석하다 보면 전체를 못 보고 어느 한 회사에 빠져버리는 우를 범할 수 있습니다. 가령 회사 내용이 좋아도 업황이 나쁠 수 있는데 회사의 매력에 빠져 영업 환경을 무시하고 투자하는 경우도 생깁니다.

그렇게 투자할 경우 해당 회사의 영업 환경이 다시 좋아질 때까지 혹은 신제품이나 신시장을 개척할 때까지 무작정 기다려야 할 수도 있습니다. 그게 언제가 될지는 아무도 모릅니다. 심지어 대주주나 오너에게 신시장 개척 의지나 신제품 출시로 회사를 높은 성장 궤도에 올려놓을 의지가 있는지도 모르는데 현재의 회사 내용이 좋다는 이유로 투자하기도 합니다.

이 경우 내 의지와 상관없이 주식에 물려 기약 없이 1년, 2년, 3년을 기다리는 상황에 빠질 수 있습니다. 과거에는 저 역시 회사가 속한 산업의 업황을 공부하지 않고 회사의 매력에 빠져 손실을 본 경험이 있지요.

2019년 5G 관련주가 크게 상승했는데 저는 이미 2018년 하반기에 5G 섹터에 관심을 기울였습니다. 그 이유는 통신사가 무역전쟁이나 글로벌 경기 둔화와 상관없이 앞으로 수년 동안 5G에 돈을 쏟아붓고 스마트폰 제조사도 5G폰 보급량을 늘려 수익성을 개선할 것이라고 예상했기 때문입니다. 또한 결국 괜찮은 5G폰이 나와 소비자들이 어쩔 수 없이 4G가 아닌 5G폰을 선택할 수밖에 없는 시장 환경이 조성될 것이라고 보았습니다. 나아가 세계 최초로 5G를 개통하는 국가가 대한민국이면 시장의 관심을 받으리라는 판단도 했지요.

여기에 종목 이야기는 등장하지 않습니다. 그저 큰 틀에서 세상이 어떻게 흘러가는지, 어떤 일이 생기고 있는지, 어느 쪽 산업이 부흥할지 보고 있을 뿐입니다. 바로 이것입니다. 좋은 투자 성과를 내려면 종목이 아니라 산업을 먼저 살펴봐야 합니다.

좋아지는 산업에 속한 회사는 자연스레 산업 성장과 맞물려 성장하게 마련이고 이는 고스란히 주가로 연결됩니다. 부자 산업에서 부자 회사가 탄생하는 법입니다. 그리고 회사가 부자가 되면 거기에 투자한 주주들도 부자가 됩니다.

만약 회사를 먼저 살펴보면 특정 회사가 매력적으로 보여 그 회사에만 집중하는 바람에 산업과 시장 흐름을 놓치는 우를 범하고 맙니다. "나는 그렇지 않다."거나 "나는 아니다."라고 말하는 투자자도 있지만 그 유혹에서 벗어나기가 쉽지 않습니다.

분석한 회사가 좋아 보이면 성장 산업이 아니어도 '혹시 성장 산업이 되지 않을까? 될 것 같은데?' 하면서 깊이 생각하다가 기어코 '이 회사는 성장 산업에 속하네'라며 자기합리화를 해버립니다. 성장 산업은 내가 아니라 세상이, 시장이 정해줍니다. 우리는 그것을 따라가면 되는 것이고요.

예를 들어 코스피 2위이자 세계적인 기술력을 갖춘 SK하이닉스도 반도체 산업이 불황에 들어가면 기업 경쟁력과 상관없이 주가가 폭락할 수 있습니다. 주가가 빠지는 이유는 SK하이닉스라는 회사의 경쟁력이 떨어져서가 아니라 반도체 산업이 불황기에 들어가 메모리 가격이 떨어지거나 공급 과잉이 생겼기 때문입니다. 산업이 어려워지면 회사도 어려워지고 그에 따라 주가도 어려워집니다.

기업과 산업, 동반 성장의 시너지를 노려라

아무리 튼튼하고 멋진 우산을 만들어도 비가 오지 않으면 그 우산은 팔리지 않습니다. 반대로 내구성이 떨어지고 디자인이 별로여도 비가 많이 내리면 그 우산은 잘 팔립니다. 결국 우산 판매량에 영향을 미치는 것은 우산 자체가 아니라 '비가 내리는가, 아닌가'입니다.

이것을 혼동하면 안 됩니다. 우리에게 중요한 일은 비가 오는 것입니다. 비가 온다는 예보가 확실하면 좋은 우산을 파는 회사를 찾아 투자하면 됩니다. 여기서 날씨는 바로 '산업'입니다. 날씨가 좋을 경우 선크림 효능이 떨어져도 전체적으로 선크림 판매량은 늘어나고, 비가 오면 우산의 품질이 떨어져도 우산이 많이 팔려 우산 회사 형편이 좋아집니다. 그리고 그것은 주가로 연결됩니다.

앞서 말한 것처럼 회사만 보면 좋아 보일 때가 정말 많습니다. 만약 PER이 낮고 자산가치가 좋으며 업계 내에 1등 회사지만 해당 회사가 속한 시장의 전체 파이가 너무 작다면 어떻게 될까요? 과연 1위라는 경쟁력에 큰 의미가 있을까요? 예를 들어 이 회사가 1등일지라도 전체 시장 규모가 500억 원이라면 매출이 많아야 300억~400억 원 수준에 평생 머물 것입니다.

반대로 현재만 보면 시장 파이가 작지만 그 시장이 매년 크게 성장한다면 어떨까요? 현재는 매출이 100억 원이어도 시장이 커지면서 회사 매출이 150억 원, 200억 원, 300억 원으로 계속 늘어난다면 우리는 어느 회사에 투자해야 할까요?

당연히 비록 지금은 앞의 300억~400억 원보다 매출 규모가 작지만 지속적인 성장이 확실한 산업에 속한 후자 회사에 투자해야 합니다.

현재 PER, PBR이 낮아 저평가 같지만 회사 이익이 정체되어 있다면 더 이상 저평가라 부를 수 없습니다. PER이 낮다는 것은 순이익 대비 시가총액이 낮다는 뜻입니다. 주가가 오르려면 시가총액이 계속 낮은 상태를 유지해 저PER이 되는 게 아니라 이익이 커졌어도 주가가 오르지 않아 저PER인 회사라야 투자가치가 있는 것입니다.

물론 이 경우에도 주의할 필요는 있습니다. 지금은 매력적이지 않지만 앞으로는 좋아질 거라며 투자자를 유혹하는 사례도 있기 때문입니다. 시장에서 실체 없이 장밋빛 희망만 비추는 회사도 있습니다. 이런 회사는 현재 재무제표와 실적은 형편없지만 앞으로 어떤 놀라운 것을 만들어낼 거라며 투자자에게 달콤한 말을 속삭입니다.

그렇게 접근하는 회사를 믿어도 될까요? 원래 반에서 1등 하는 아이가 전교 1등도 하는 법입니다. 반에서 중간 정도 성적을 거두는 아이가 시험을 잘 볼 테니 자신을 한번 믿어달라고 했을 때 믿어준다고 바로 다음 시험에서 전교 1등 성적을 거둘까요? 스스로 자문해보십시오.

저라면 원래 반에서 1등을 하는 아이에게 투자하겠습니다. 이 아이가 혹시라도 감기에 걸리거나 컨디션이 좋지 않아 최근 시험을 잘 치르지 못했더라도 중간 정도 성적인 아이가 운 좋게 시험을 잘 볼 거라고 기대하고 지원하는 것보다 훨씬 더 성공 확률이 높기 때문입니다. 원래 공부를 잘하는 아이가 다음 시험에서도 성적이 좋을 가능성이 큽니다. 본래 골을 잘 넣는 선수가 다음 경기에서도 골을 넣을 확률이 높지요.

주식시장도 마찬가지입니다. 성장 산업을 골랐다면 그 안에서 지금까지 좋은 실적을 내온 회사에 투자해야 합니다.

최신 기술이 아닌
대중화 기술에 투자하라

터치패널보다 스마트폰 시장이 더 크다

우리가 사람들의 일상생활이나 기술 변화를 눈여겨봐야 하는 이유는 거기에 투자 기회가 숨어 있기 때문입니다. 예를 들어 전 세계가 쓰레기로 몸살을 앓고 있는 요즘 쓰레기를 효과적이고 효율적으로 처리하는 최신 설비를 만드는 회사가 있다면 어떨까요? 이 회사에 투자해야 할까요, 아니면 그 설비로 많은 소비자를 대상으로 쓰레기를 소각하고 매립하는 회사의 주식을 사야 할까요?

주식투자자 관점에서든 사업 관점에서든 해당 설비와 장비를 만드는 회사보다 소비자를 대상으로 사업을 하는 B2C 회사에 투자하는 것이 낫습니다. B2C가 아니면 기업을 대상으로 사업을 하는 B2B라도 괜찮습니다.

우리가 사업을 결정하거나 훌륭한 투자자로서 투자처를 선택하는 경우 매립과 소각 장비로 많은 소비자를 상대로 폐기물 사업을 하는 회사에 투자해야 합니다. 그래야 우리도 해당 회사와 함께 부를 창출할 수 있습니다. 앞에서 언급한 폐기물 업체 코엔텍 같은 회사가 대표적입니다.

이처럼 최신 기술을 개발한 회사가 있을 때는 그 회사를 넘어 그들의 제품을 활용해 더 많은 부를 창출할 수 있는 회사가 있는지 눈여겨봐야 합니다. 신기술로 개발한 최신 장비를 만드는 회사는 그처럼 혁신적인 장비를 계속 만들어내지 못하면 언제든 경쟁사에 밀려날 수 있습니다.

그 회사가 쓰레기 소각과 매립 관련 업체를 대상으로 장비를 파는 회사라면 더욱 최악입니다. 폐기물 사업은 정부 승인이 필요한 까닭에 많은 업체가 존재하지 않으므로 장비를 팔 수 있는 대상이 제한적입니다. 한마디로 고객 숫자가 적습니다. 그렇지만 그 장비를 활용해 개인이나 기업체를 상대로 소각과 매립 사업을 하면 장비를 판매해서 버는 돈보다 더 많은 돈을 벌어들일 수 있습니다.

또 다른 예로 우리가 매일 접하는 터치패널도 마찬가지입니다.

처음 터치패널이 나왔을 때 이를 개발한 회사들의 주가가 좋았지만 지금은 여러 업체가 도산했거나 상장폐지 상태이며 다른 기업에 매각되기도 했습니다. 살아남은 회사도 겨우 명맥을 유지하는 정도에 불과합니다.

반면 이 터치패널 덕에 스마트폰이 불티나게 팔리면서 스마트폰 판매 회사와 스마트폰 케이스를 파는 회사는 큰돈을 벌고 있습니다. 터치패널 제품 대중화로 기술을 개발한 회사가 아닌 다른 회사들이 큰돈을 벌고 있는 것입니다.

20여 년 전만 해도 신기술 개발 회사에 관심을 보이며 투자하는 사람이 많았습니다. 그런데 지금은 금세 모방 기술이 나오거나 경쟁사가 등장해 신기술로 시장지배력을 유지하는 기간이 극히 짧아지면서 상황이 달라졌습니다.

지금처럼 특허 라이선스를 공유하고 신기술이 빠르게 쏟아져 나오는 시대에는 신기술을 개발한 업체보다 새로 형성된 시장이나 신기술과 새 장비로 사업을 하는 회사에 더 주목해야 합니다. 신기술로 영업을 하는 회사는 전 세계 고객을 대상으로 사업을 해서 더 큰 부를 창출하기 때문입니다.

지금은 시대가 변했음을 인정하고 그에 맞춰 발상의 전환이 필요한 때입니다.

경영자 지분율 30퍼센트 미만 기업은 쳐다보지도 마라

최소한의 안전 마진, 경영자 지분율

회사에서 어떤 업무를 맡은 직원이 있다고 해봅시다. 이 직원의 능력을 가장 크게 이끌어내는 방법은 무엇일까요? 업무 성과에 따라 성과급과 승진 등의 인센티브를 제시할 때일까요, 아니면 일을 잘해도 그에 따른 리턴이 없을 때일까요? 당연히 전자입니다. 더구나 직원이 아무리 노력해도 현재 직급에서 벗어날 수 없다고 생각하면 열심히 일할 마음은 사라질 것입니다.

직원에게 성과급과 현재보다 높은 직급을 보장한다는 것은 곧 인센티브를 준다는 의미입니다. 다르게 표현해 이것은 직원이 회사에서 위치가 높아졌다거나 일정 지분을 확보했다고 할 수 있습니다. 반면 성과급도 없고 승진 기회도 주지 않는 것은 직원에게 회사 성장에 따른 지분이 전혀 없음을 뜻합니다.

경영자도 마찬가지입니다. 경영 성과가 뛰어나 회사가 성장하고 주가가 상승하면 시가총액이 높아집니다. 이때 지분이 적은 사람과 지분이 많은 사람에게 돌아가는 리턴은 극명하게 달라집니다. 회사 일에 더 책임감을 느끼고 관심을 기울이며 집중하는 쪽은 당연히 지분이 많은 사람입니다. 상장사의 경영자는 높은 연봉이나 급여를 받는 것보다 회사의 주가 상승으로 자신이 보유한 지분 가치가 상승할 때 훨씬 더 큰 이익을 얻습니다.

여기서 제가 강조하고 싶은 말은 이것입니다.

경영자 지분율이 30퍼센트 미만인 회사는 아예 검색하지도, 관심을 주지도, 쳐다보지도 마십시오.

경영자 지분율이 30퍼센트를 넘어야 하는 이유를 구체적으로 설명하자면 이 숫자에 경영권, 의사결정권이 달려 있기 때문입니다.

상장사의 경우 경영자 지분율이 30퍼센트를 넘어야 경영권을 유지하기가 수월하고 회사의 주요 경영을 두고 의사결정을 할 수 있습니다. 의결권 행사에서는 보통 주총에 참석한 지분율에서 절반 이상

이 있어야 과반수 표결을 확보하는데 일반적으로 주총에 전체 지분율의 70퍼센트 이상이 참여하는 경우는 드뭅니다.

따라서 30퍼센트대 지분율을 보유하면 과반의 표를 확보해 자신이 원하는 대로 경영할 수 있습니다. 외부에서도 적대적 인수합병을 시도하기가 어려워 아예 관심조차 갖지 않지요. 정당한 인수 절차를 무시하고 장내 주식을 매수하거나 외부 압력을 행사하며 경영권을 위협하는 시도가 거의 사라진다는 얘기입니다. 이 경우 경영자가 안정감 속에서 '이 회사는 내 회사'라는 마음으로 열심히 일할 동기부여를 받습니다.

반면 지분율이 20퍼센트 미만인 경영자는 '내 회사'라는 느낌을 갖기가 어렵고 실질적인 경영에 제약이 따르기도 합니다. 이럴 때 경영자가 회사에 보다 많은 에너지를 쏟기는 어렵지요. 결국 애사심은 지분율에 비례한다고 볼 수 있습니다.

경영자 지분율이 10퍼센트 내외인 사람이 자신의 모든 것을 걸고 회사를 위해 인생을 바치려 할까요? 혹은 그 정도에 준하는 노력을 기울일까요? 제가 볼 때 그렇게 하기는 어렵습니다. 더구나 회사를 정말 좋아하고 열정과 애사심이 대단하다면 자신의 지분이 10퍼센트로 내려가도록 내버려두지도 않았을 겁니다.

회사가 앞으로 크게 성장할 것이라는 확신이 있고 애착이 강하다면 높은 지분율을 유지하거나 지분을 더 늘리기 위해 애썼을 테지요. 낮은 지분율을 보유하고 있다는 것은 경영자가 회사의 미래를 낙관

하지 않거나 앞으로 잘될 거라고 여기지 않는다는 의미일 수도 있습니다. 그렇지 않더라도 최대주주의 말에 휘둘리는 경영을 할 위험성은 변하지 않지요.

경영자의 책임감을 나타내는 수치

2019년 큰 상승세를 탔던 5G 업계 대표 회사들의 경영자 지분율을 한번 살펴봅시다.

2018년 11월 5G 산업 관련주를 조사할 당시 각 기업의 경영자 개인 명의의 지분율을 보면 다산네트웍스는 2.8퍼센트였고 에이스테크는 7.86퍼센트였습니다. 그 외에 오이솔루션은 19.74퍼센트(2020.3.9. 현재 7.79퍼센트), 케이엠더블유는 31퍼센트, 서진시스템은 32퍼센트였지요. 반면 유비쿼스홀딩스는 50퍼센트(2020.3.9. 현재 47.17퍼센트)였습니다. 이는 앞의 회사들과 확연하게 차이가 나는 지분율입니다.

경영자가 지분율 10퍼센트인 회사와 50퍼센트인 회사를 운영할 때 임하는 자세는 어떻게 다를까요? 과연 어느 쪽 회사의 경영자가 더 높은 애착과 관심을 보일까요? 당연히 50퍼센트일 때 더 열정을 발휘하며 애착과 관심을 보일 것입니다. 이처럼 지분율은 회사의 경영자를 일일이 만나보지 않아도, 그들의 인생관과 사업관을 알아보지 않아도 많은 것을 알게 해줍니다.

최대주주와 경영자(대표이사)가 다른 경우도 있습니다. 외부에서 전문경영인을 영입한 경우에는 보유 주식이 없을 수 있습니다. 저는 최대주주가 대표이사인 경우를 선호합니다. 창업자로서 해당 기업과 사업 전반을 충분히 이해하고 회사 지분을 보유한 만큼 열심히 일할 거라고 보기 때문입니다.

반면 전문경영인은 분기나 회계연도를 기준으로 실적을 평가받기 때문에 장기 비전보다 단기 성과에 집착할 수 있습니다. 경영 성과가 좋지 않으면 2~3년 계약 기간 후 그만두어야 하므로 애사심이 강하지 않을 가능성도 높습니다. 그래서 저는 가능하면 최대주주가 곧 경영자인 회사에 투자합니다.

또한 대주주 지분율을 고려할 때 법인으로 보유한 것을 좋게 여기지 않습니다. 그럴 경우 주인이 없다고 보기 때문입니다. 저는 개인 명의로 보유한 지분율만 인정합니다. 개인이 많이 보유하고 있어야 사업 성장을 위해 책임감 있게 노력할 가능성이 크니까요.

경영자가 개인 명의로 보유 지분이 많으면 이것저것 따지지 않아도 그 대주주는 회사와 주가에 나쁜 영향을 줄 경영활동을 하지 않으려 노력할 것입니다. 사생활에서도 자기관리를 잘해 구설수에 오르는 일을 방지하려고 하겠지요. 회사 지분율이 높으니 회사 성장과 주가에 신경을 쓸 수밖에 없습니다. 그러면 배당 성향도 높아질 수 있습니다. 이처럼 회사 분석에서 경영자의 지분율은 중요한 투자 포인트입니다.

여러분이 투자하고 있는 회사의 경영자 지분율을 살펴보십시오. 만약 20퍼센트 미만이면 다시 생각해보십시오. 어느 정도가 적정 지분율인지에 정답이 있는 것은 아니지만 높을수록 좋다는 것이 제가 생각하는 '좋은 답'입니다.

예상 실적이 쉽게
그려지는 회사가 좋은 회사

시장은 증권사 리포트보다 빠르게 움직인다

주식시장에서 실적을 정확히 맞힐 수 있는 사람은 존재하지 않습니다. 그것이 가능한 분석 툴도 존재하지 않고요. 그러다 보니 여러 업종의 많은 회사에서 정도의 차이는 있지만 예상치와 실제 실적에 괴리가 발생하는 경우가 잦습니다. 이런 사례를 여러 번 경험하면서 저는 알 수 없는 다음 실적을 맞히기 위해 노력하기보다 제가 투자하려는 회사의 성장 스토리가 더 중요하다는 것을 깨달았습니다.

태양광 업체 OCI가 '동양제철화학'이란 사명으로 5만 원대에 거래가 이뤄지던 때의 일입니다. 불과 1년 사이에 이 회사의 주가는 60만 원까지 급등했습니다. 이때 증권사들은 2~3주 사이에 목표가를 5만 원에서 6만 원으로, 한 달 만에 8~9만 원으로, 또 한 달 후에는 10~15만 원으로 급격하게 올렸습니다. 목표가가 2~3주 단위로 1.5배씩 뛸 만큼 회사의 펀더멘털이 급변했기 때문일까요? 이 점이 궁금해 저는 당시에 작성한 국내 모든 증권사의 OCI 분석 자료를 살펴보았습니다. 60만 원대 최고가에 도달했을 때는 모 대형 증권사에서 100만 원에 가까운 목표가를 제시했더군요.

애널리스트들이 목표가와 함께 예상했던 분기 실적과 몇 개월 뒤의 실제 분기 실적도 비교해보았습니다. 놀랍게도 불과 2개월 후에 나올 예상 실적과 실제로 나온 실적에는 굉장한 차이가 있었습니다. 그때 나온 증권사 커버 자료 중 예상치를 제대로 가늠한 리포트는 하나도 없었습니다. 이것은 비단 OCI의 경우만이 아닙니다.

과거 대한민국에 대형할인점이 들어설 때 신세계에서 운영하는 이마트에 경쟁사 월마트나 까르푸보다 사람들이 더 많은 것을 보고 '신세계 주식이 크게 성장하겠구나'라고 생각한 사람이 증권사 자료를 보며 추정하는 사람보다 더 정확하고 많은 수익을 올렸습니다. 이것은 요즘 미세먼지가 심한 것을 보며 공기청정기 판매가 전년 대비 늘어날 것이라고 판단하는 것이나 마찬가지입니다.

이런 식으로 성장 스토리가 나오는 회사들의 실적이 좋을 것이라고 짐작하며 투자하는 것이 증권사 자료를 보며 추정하는 것보다 더 정확합니다. 설령 증권사에서 정확히 맞힐지라도 그 자료가 나오기 전에 이미 많은 사람이 알고 있을 확률이 높습니다. 그 자료를 읽은 자신과 보고서를 작성한 애널리스트만 알고 있을 것이라고 생각하는 사람은 순진해도 너무 순진한 것입니다.

이런 이유로 저는 증권사 자료를 신뢰하지 않습니다. 혹시 보더라도 기회 요인이 있지 않을까 싶어 좋지 않게 나온 보고서를 들여다봅니다. 반면 증권사 자료에서 좋다고 띄워주는 회사는 제게 기회가 있다고 여기지 않습니다.

주식투자에서는 실적이 증가할 수 있는 회사를 찾는 것이 포인트입니다. 만약 우리가 회사 실적이 전년 동기 대비 30퍼센트, 50퍼센트 늘어나는 것을 정확히 맞힐 수 있다면 쉽게 돈을 벌 것입니다. 그러나 수개월 내의 단기라면 모를까 좀 더 먼 미래의 매출 증감은 회사 관계자들도 알기 어렵습니다. 자신들이 내놓은 상품과 서비스에 고객이 얼마나 좋은 반응을 보일지, 그것이 실제 판매로 이어질지 알 수 없기 때문입니다. 그래서 들여다봐야 할 것이 스토리입니다.

스토리가 쉽게 나오는 회사가 투자하기 좋은 회사다

스토리가 나오는 회사, 스토리대로 매출 증가 요인이 쉽게 눈에 띄는 회사는 실제로 실적이 좋을 확률이 높습니다. 투자 성과도 좋게 나올 가능성이 크지요. 평소 주변에 관심을 많이 기울이면 이것을 쉽게 알아낼 수 있습니다. 즉, 스토리를 알아보는 눈을 키우는 것이 생각보다 어렵지 않습니다.

문제는 스토리가 전혀 보이지 않는 회사에 있습니다. 일부 바이오 종목, 해당 회사 제품을 쉽게 접할 수 없는 B2B 회사, 조선소에서 업체들끼리 거래하는 부품 회사 등 일반인의 눈에 스토리가 보이지 않는 회사가 많이 있지요. 이럴 경우에는 어떻게 해야 할까요? 간단합니다.

> 잘 모르는 분야나 확인하기 어려운 회사라면 그 회사에 투자하지 않으면 됩니다. 저는 이런 회사에 절대 투자하지 않습니다.

우리가 반드시 모든 회사를 커버해야 하는 것은 아닙니다. 모르거나 어려운 회사는 그냥 스킵하세요. '이 회사에는 꼭 투자해야 해!' 하면서 강박관념을 보일 필요는 없습니다. 스트라이크 존에 들어오는 회사에만 투자해도 괜찮습니다. 스트라이크 존에서도 내가 가장 좋아하는 쪽으로 들어오는 회사에만 투자하면 됩니다. 바깥쪽이든 중앙이든 몸쪽이든 자신이 좋아하는 존에 들어오는 회사에만 투자해도 좋습니다.

저는 눈에 보이지 않고 손에 잡히지도 않는 회사에는 투자하지 않습니다. 이 자체가 혹시 모를 리스크를 원천 차단하는 지혜일 수 있습니다. 물론 투자하지 않은 회사 중에서 많이 상승하는 회사가 나올지도 모릅니다. 그걸 아쉬워할 필요는 없습니다. 그건 내 것이 아니라고 생각해 관심을 두지 마십시오.

다시 한 번 강조하지만 많은 사람이 주식투자로 손실을 보는 것은 원금을 보존하려는 투자를 하지 않고 대박을 노리는 혹은 큰돈을 벌려는 마음이 앞서기 때문입니다. 원금을 지키려는 노력을 기울이지 않으면 주식으로 부자가 되기 어렵습니다.

내 손에 잡히지 않는 회사에 투자하지 않는 것은 원금을 지키는 투자 원칙 안에 들어갑니다. 크게 성장할 회사를 놓칠지도 모른다는 생각에 여기저기에 손을 대면 이익을 볼 확률이 높아지는 게 아니라 실수하거나 잘못되는 경우가 많습니다. 결과적으로 손해 볼 가능성이 높아진다는 얘기입니다. 저는 예상 실적을 쉽게 그릴 수 있는 회사가 투자하기 좋은 회사고 쉬우면 쉬울수록 대박 회사라고 생각합니다. 실제로 저는 성장 스토리가 쉽게 나오는 회사에 투자했을 때 성과가 가장 좋았습니다.

우리가 봄과 겨울에 많이 접하는 미세먼지는 어떨까요?

몇 년 전부터 대한민국에서는 미세먼지가 커다란 사회 이슈로 떠오르기 시작했는데 이 미세먼지를 주식과 연계해 생각해볼 수 있습니다. 저 역시 미세먼지를 투자로 연결해 수익을 얻었지요. 그때 저는 스토리를 아주 단순하게 그렸습니다.

'미세먼지가 극성이니 공기청정기 수요가 늘어날 테고 그럼 필터 회사와 공기청정기 회사의 판매량이 증가하겠네.'

저는 단지 스토리만 그린 것이 아니라 해당 회사를 직접 방문해 생산라인과 추가로 증설하는 생산라인 등을 확인했습니다. 또 공기청정기 판매 직원과 대화하며 판매 동향도 알아봤고요. 여기에다 여러 회사의 공기청정기를 사다가 실제로 써보며 성능 비교도 했습니다. 그러한 노력을 기울인 끝에 결정한 투자는 좋은 결과로 이어졌습니다.

이런 식으로 사회 현상을 유심히 들여다보며 다음에는 어떤 산업에 속한 회사의 실적이 좋아질지 스토리를 그려야 합니다. 즉, 주식투자를 잘하려면 시장 흐름의 큰 줄기를 읽을 줄 알아야 합니다. 너무 작은 흐름에 얽매이면 큰 흐름을 놓치고 엉뚱한 곳에 소중한 자산을 투입하는 우를 범할 수 있습니다.

복잡하게 생각하지 마십시오. 주식은 난해한 수학 문제처럼 어려운 문제를 풀어내는 일이 아닙니다. 크고 넓게 보되 스토리는 단순하게 그려야 합니다.

부자가 될 회사에
투자하라

어떤 회사가 부자가 될 것인가

주식투자를 하는 이유는 '돈을 벌기 위해서'입니다. 주식투자로 상장
기업에 자금을 조달해주고 그들이 성장해 고용 창출과 세금 납부가
이뤄지면 경제가 활성화될 거라는 커다란 뜻을 품고 주식투자를 하
지는 않을 겁니다. 그보다는 당장 주가가 올라 차익을 남기는 것에 목
적을 두고 투자를 시작하는 사람이 대다수입니다.

과연 주식투자는 어떤 방법, 어떤 방식으로 진행하는 것이 좋을까
요? 알다시피 주식투자 방법론은 굉장히 다양합니다. 예를 들면 펀더

멘털을 보고 투자하거나, 차트를 보며 기술적 투자를 하거나, 이벤트 혹은 공시 등을 기대하며 정보 투자를 합니다. 아니면 이 모든 것을 혼합해 투자하기도 하지요. 일반투자자가 가장 많이 하는 방식은 그냥 감으로 하는 투자일지도 모릅니다.

저 역시 과거에는 많은 투자 방법 중 어떤 것이 정답인지, 어떻게 투자해야 하는지를 놓고 꽤나 고민을 했습니다. 책이나 온라인 주식 카페, TV 경제방송에 나오는 전문가의 투자 비법 등 사람들에게 알려진 온갖 투자 방법론과 접근법을 모두 사용해봤지요.

기술적 분석에 기초한 모멘텀 투자법, 지금은 쓰지 않는 짝짓기 투자법, 저PER과 저PBR에 기초한 벤저민 그레이엄의 담배꽁초 투자법 그리고 정해진 로직에 따라 기계적으로 종목을 편입하고 매도하는 퀀트까지 시도해보지 않은 방법이 없습니다.

그렇게 돌고 돌아 지금은 다른 투자자를 위해 글을 쓸 정도의 경험을 쌓았는데 위의 투자 방법 중 제게 일정 수준의 경제적 자유를 안겨준 투자법은 없습니다. 많은 수업료와 시행착오를 겪은 뒤 제가 세운 투자 종목 선정 기준은 심플하고 직관적입니다.

미래에 부자가 될 회사에 투자한다!

너무 간단하다고요? 간단하고 쉽지만 그 효과는 강력합니다. 지금까지 제 자산을 늘려준 종목들은 저 명제에 부합한다는 공통점이 있습니다. 부자가 될 회사를 찾는 방법 역시 간단합니다. 이제까지 살펴 봤듯 부자가 될 기업인지 알기 위해서는 세 가지를 살펴보면 됩니다.

성장할 산업에 속하는가?
경영자의 지분율이 30퍼센트 이상인가?
꾸준한 현금 창출이 가능한 사업모델인가?

그중에서도 핵심은 산업의 성장 가능성입니다. 개천에서 용이 나는 경우가 아니면 역시나 일반적으로 해당 회사가 속한 산업이 성장하고 있어야 합니다. 성장 정도가 아니라 대호황이거나 호황이 눈앞에 있으면 더욱 좋습니다.

과거 대한민국 주식시장을 보면 건설, 은행, 인터넷, 조선, 화장품, 반도체 산업 등에서 대호황이란 표현을 썼을 정도로 큰 성장이 일어났습니다. 이들 산업에 속한 회사 중에서 부자 회사가 많이 나왔고 결국 높은 주가상승률을 보인 회사가 대거 등장했지요.

산업을 잘 보아야 부자가 될 회사를 쉽게 찾을 수 있습니다. 현재 사업 내용이 뛰어나도 그 회사가 속한 산업이 불황에 휩싸이면 과거와 현재 시점에는 부자여도 조만간 자산 가치는 내려갈 것입니다.

이는 과거 조선주와 화장품주를 보면 쉽게 이해가 갈 겁니다. 한때 돈을 잘 벌어 자산가치가 높았던 회사들이 산업이 불황기에 들어가면서 너나 할 것 없이 관련주가 모두 큰 폭으로 하락하고 대규모 적자로 돌아섰지요.

그다음으로 회사를 이끄는 경영자의 생각과 살아온 인생을 보고 지분율도 살핍니다. 여기에다 회사가 꾸준히 영업현금흐름을 창출할 것인지 사업모델을 점검해봅니다. 한마디로 회사가 계속해서 돈을 잘 벌 것인지에 모든 초점이 맞춰지는 것입니다. 그러면 특정 지표에 빠지거나 차트 흐름이 좋아 보이는 주식만 고르는 우를 범하지 않게 됩니다.

핵심만 파악하라

이해를 돕기 위해 축구에 비유해서 이야기하겠습니다. 만약 우리가 축구팀 감독이라고 해봅시다. 그 팀이 좋은 성적을 올리는 데 필요한 것은 무엇일까요? 좋은 연습장일까요? 선수들이 운동 후 피로를 풀 좋은 시설일까요? 영양가 있는 식사를 만들어줄 요리사일까요? 아니면 높은 연봉이나 두터운 선수층일까요? 물론 이 모든 것이 다 필요합니다. 이런 것은 있어서 나쁠 게 없는 요소입니다.

그렇지만 정말 필요한 것은 골을 잘 넣는 선수입니다. 감독에게는 골을 잘 넣는 선수가 가장 중요합니다. 그 선수의 사생활이나 개인 취미가 무엇인지는 중요하지 않습니다. 취미로 게임을 좋아하든 술을 좋아하든 그게 무슨 상관이겠습니까. 경기에서 골을 많이 넣어 팀에

승리를 안겨주면 그만이지요.

축구감독에게 필요한 것은 '골'이 전부입니다. 여기에 선수의 성격이 좋고, 선후배를 잘 챙기고, 연습 경기장 시설이 좋고, 식사가 잘 나오고, 감독의 연봉이 높고, 선수층이 다른 팀보다 두터우면 더없이 좋겠지요. 그러나 모든 것을 떠나 핵심은 골을 잘 넣는 선수가 있느냐입니다.

선수들이 아무리 수비를 잘해 실점하지 않더라도 골을 넣지 못하면 우승할 수가 없습니다. 오히려 골을 많이 먹더라도 그보다 더 많은 골을 넣으면 우승합니다.

그런데 투자자 중에는 엉뚱한 것을 먼저 보고 그것을 중요시하는 사람이 많습니다. 어떤 투자자는 선수의 사생활을 문제 삼고 어떤 투자자는 연습 경기장이 숙소와 멀어서 경기력이 떨어질 것을 우려합니다. 또 누군가는 식사가 부실해 선수들이 제대로 뛸 수 없을 것이라고 하고, 선수와 감독의 낮은 연봉이 팀의 의욕을 떨어뜨려 성공하기 힘들 거라고 지적하기도 합니다.

다시 말하지만 이런 것은 좋은 쪽으로 조건을 갖추면 당연히 아주 좋습니다. 그것을 누가 모릅니까. 그러나 제가 말하고자 하는 것은 정말로 중요한 핵심이 무엇이냐는 것입니다. 지금 우리가 속한 영역에서 1등을 하거나 우승하려면 가장 중요한 핵심 명제를 어디에 두어야 하느냐는 얘기입니다. 그걸 고려하면 우리에게는 골을 많이 넣어 줄 선수가 가장 중요합니다.

이 관점을 주식 쪽으로 돌리면 핵심은 '내가 투자하려는 회사가 앞으로 지금보다 더 부자가 될 회사인지' 따져보는 것입니다. 주식투자에 존재하는 수많은 투자 방법의 목표도 실은 향후 부자가 될 회사를 찾는 데 있습니다. 다만 이것을 어떤 책은 영양가 있는 식단이, 어떤 투자자는 선수의 사생활이, 누군가는 숙소나 연습 시설이 중요하다고 말하는 것뿐입니다.

부의 이동에 민감해져라

제가 중요하게 보는 것은 '회사의 부가 어디로 향할 것인가'입니다. 예를 들어 그룹사 내에서 지주회사와 사업회사 중 하나를 선택해 투자한다면 무엇을 보겠습니까? 이익률, 사업 내용, 성장성, 그룹 내 위치 등 여러 관점으로 판단할 수 있습니다.

저는 우선 최대주주의 지분율이 어디에 많이 속해 있는가를 살핍니다. 대주주의 이해관계가 가장 많이 얽혀 있는 곳으로 그룹 전체에서 벌어들이는 이익이 유입되리라고 보기 때문입니다. 눈에 띄게 드러나지 않더라도 그룹 총수이자 최대주주가 자신이 가장 중요하게 보는 곳, 자신의 돈이 많이 들어간 사업장에 제일 관심을 쏟지 않을까요? 그룹 내 부의 이동을 민감하게 감지할 수 있도록 그룹의 최대주주이자 경영자의 입장에서 생각하는 훈련이 필요한 이유입니다.

투자하려는 회사가 지주회사냐, 사업회사냐는 그리 중요한 문제가 아닙니다. 앞으로 해당 그룹이 커가면서 어느 회사가 중요한 위치를 차지하고 어디에 많은 부가 몰릴지 아는 게 중요합니다.

산업을 잘 봐야 부자 회사가 보인다

주식투자에서 내가 고른 회사가 앞으로 많은 돈을 번다면 그 회사와 회사에 속한 임직원 그리고 그 회사의 주식을 갖고 있는 주주들은 행복해집니다.

> 과거에도 부자였고 지금도 부자이며 앞으로도 부자가 될 회
> 사를 찾으십시오!

이것이 제가 투자할 회사를 찾는 가장 중요한 투자 포인트입니다. 부자가 된다는 것은 돈을 벌어 회사를 살찌운다는 뜻이고 이는 주가 상승으로 이어지므로 다른 소소한 것에 휘둘릴 필요가 없습니다.

심플하고 직관적으로 생각하십시오. 주식에서 많은 생각은 자칫 좋은 투자를 방해할 수 있습니다. 물론 합리적 의심은 필요합니다. 내가 좋게 보았더라도 레이 달리오처럼 내 생각이 틀릴 수 있음을 염두에 두고 의심해보거나 두려워할 필요는 있습니다. 비관적 관점으로

혹시 있을지도 모를 내 생각의 오류를 헤지$_{hedge}$하는 것이지요.

저는 투자 포인트가 실패하거나 뜻대로 이뤄지지 않을 경우를 염두에 두고 보험처럼 추가로 안전장치가 있는 회사를 선택합니다. 그래야 주가 하락을 억제하고 다른 요인으로 주가 상승을 기대해볼 수 있기 때문입니다.

부자가 될 회사를 찾되 동시에 비판적인 관점으로 리스크 요인이 없는지 찾아보십시오. 이것은 워런 버핏이 말한 '원금을 지키는 투자', 레이 달리오의 '틀릴지도 모른다는 두려움을 지니라'는 말 그리고 '투자에는 내 가족의 생사가 걸려 있음을 기억하라'는 제 투자관과 맥을 같이합니다.

텐배거 기업들에는
어떤 공통점이 있을까

텐배거 기업들의 이유 있는 폭발력

이제 제가 실제로 투자한 회사와 관심을 보이며 오랜 기간 유선통화를 한 회사, 탐방을 다녀온 회사 중 10배 가까이 상승한 텐배거_{tenbagger} 회사들을 살펴보겠습니다. 이들 회사는 제가 직접 제품을 써볼 정도로 애정을 기울이면서 투자했거나 깊이 관심을 보이며 분석한 회사입니다. 제가 실제로 발품을 팔아가며 이런저런 경험을 하면서 투자한 회사지요.

자동차에 전장 장비가 늘어나고 아이패드와 스마트폰 대중화를 비

▶ 삼화콘덴서 월봉 차트

삼화콘덴서 001820 코스피 2020.02.28 09:51 기준(장중) 실시간 기업개요▾

60,300
전일대비 ▼2,200 -3.52%

| 전일 62,500 | 고가 61,900 (상한가 81,200) | 거래량 94,540 |
| 시가 60,100 | 저가 59,500 (하한가 43,800) | 거래대금 5,720 백만 |

선차트 1일 1주일 3개월 1년 3년 5년 10년   봉차트 일봉 주봉 월봉

5 20 60 120

최고 109,500 (07/31)

122,468
102,057
81,645
61,234
40,823
20,411
0

최저 3,835 (06/30)

거래량

2015/03 2016/01 2017/01 2018/01 2019/01 2020/01

롯해 기타 휴대용 기기가 증가하면서 저는 2014년 적층세라믹콘덴서MLCC 수요가 폭발적으로 늘어날 거라고 예상했습니다. 그래서 당시 MLCC를 만드는 코스닥 상장사 삼화콘덴서를 살펴보았지요.

그때 가격이 6000원대였는데 저는 기업 분석을 마친 뒤 이 회사는 되겠다 싶어 탐방을 요청했습니다. 하지만 회사 측에서 탐방은 불가하지만 궁금한 것은 유선으로 답변을 줄 수 있다고 해서 한 시간 넘게 담당자와 통화했습니다. 긴 통화를 마친 뒤 저는 이렇게 생각했습니다.

'이 회사는 3년 뒤부터 폭발적으로 성장하겠구나.'

저는 대체로 3년을 보는 투자를 하는데 그보다 더 길었지요. 3년
뒤 투자를 시작해 이후 2~3년을 보유해야 하니 제 관점에서 투자 시
기가 적당하지 않았습니다. 아무튼 시간이 흘러 어느덧 3년이 지났
습니다. 과연 주가는 어떻게 되었을까요? 회사와 통화하고 2~3년이
흐른 뒤 실제로 주가가 치솟기 시작하더니 불과 18개월 만에 주가가
10배 넘게 상승했습니다. 한마디로 텐배거 기업이 된 것입니다.

필터 회사 크린앤사이언스도 제가 처음 관심을 보이며 투자를 시작
한 시기가 시가총액 300억 원대입니다. 그런데 이 회사는 얼마 전 시
가총액이 2000억 원 가까이 상승했습니다.

▶ 크린앤사이언스 월봉 차트

2018년 하반기에도 이와 비슷한 일이 생겼습니다. 그때 저는 지인들에게 2019년부터 5G 관련 회사가 큰 폭으로 상승할 텐데 사람들이 관심을 보이지 않는 지금 투자해야 한다고 조언했습니다. 주식 카페와 블로그에도 글을 올렸지만 주식 카페에서는 많은 사람이 제 의견을 부정적으로 보았습니다.

그럼 실제로는 어땠을까요? 2019년 코스닥에서 바이오를 제외하고 상승률이 가장 높았던 섹터는 5G였습니다. 5G와 관련된 회사의 평균상승률이 100퍼센트가 넘을 정도였지요.

주로 가전제품에 들어갔던 MLCC가 자동차에도 들어가는 환경 변화(산업 변화와 확장)가 일어나자 MLCC 수요가 대폭 증가했습니다. 이때 대형주에서는 삼성전기, 중소형주에서는 삼화콘덴서가 그 수혜를 누렸지요. 또한 기존에 주로 자동차 필터에 들어갔던 소재가 중국에서 밀려든 미세먼지라는 환경 변화로 공기청정기 회사와 필터 회사에 기회가 주어졌습니다. 덕분에 중형주에서는 위닉스가, 소형주에서는 크린앤사이언스가 큰 수혜를 누렸습니다. 2019년에는 5G 무선 산업에 불어온 성장 바람 덕에 오이솔루션, 케이엠더블유 같은 회사가 크게 상승했지요.

한 분야에서 오랫동안 기술을 갈고닦은 회사는 인력과 설비가 안정적이라 산업이 호황기에 접어들어 고객사의 주문이 증가하면 곧바로 수혜를 봅니다. 이때 산업에 불어온 성장 바람의 크기에 따라 회사가 받는 수혜의 정도는 다릅니다. 100~200퍼센트 상승하는 종목도 있고 10배짜리 텐배거 종목이 나오기도 합니다.

10배 상승한 회사의 공통점을 살펴보면 다음과 같습니다.

- 크게 성장하는 산업에 속한다.
- 자기 분야 1~2등의 기술력을 보유하거나 시장점유율을 유지한다.
- 수십 년간 한 우물만 깊게 판 덕분에 인프라를 갖춰 시장 변화에 빠르게 대응할 수 있다.

텐배거로 성장한 회사는 관련 산업 내에서 한 우물만 파며 인력과 인프라 등 재원을 이미 갖추고 있던 강소기업이 갑자기 전방 산업 규모가 커지면서 수혜를 본 경우입니다. 그 회사 혼자 열심히 잘해서 폭발적으로 성장한 게 아니라는 얘기지요.

잠재성장력이 큰 종목들

텐배거까지는 아니어도 좋은 흐름을 보여주고 미래 성장 가능성이 큰 회사들도 있습니다. 폐기물 업체 코엔텍도 그중 하나입니다. 대한민국은 폐기물 쓰레기가 넘쳐나고 있지만 더 이상 매립할 곳은 없는 상황입니다. 이에 따라 코엔텍은 처리 마진율이 40퍼센트 정도 급증

하면서 큰 수혜를 보고 있고 앞으로도 볼 수밖에 없습니다. 우리가 코엔텍에 지속적으로 관심을 기울여야 하는 이유가 여기에 있지요. 이 회사는 과거에도 부자였지만 앞으로도 부자가 될 가능성이 크기에 주가가 그에 걸맞게 상승하고 있는 중입니다.

위성안테나 회사 인텔리안테크는 국내에서 독점적 위치에 있는 세계적인 수준의 회사입니다. 이 회사는 위성에서 쏘아 내려오는 전파를 수신하는 안테나를 만드는데 기술력이 아주 뛰어나 세계에서도 손에 꼽을 정도입니다. 다시 말해 이 회사만큼 잘 만드는 회사가 세계에서 손에 꼽을 정도밖에 없어서 과점, 독점 지위를 점하는 훌륭한 회

사입니다.

코엔텍과 인텔리안테크의 공통점은 과거에도 해당 업계 1등에다 재무구조가 훌륭했다는 것과 미래 전망도 좋아 부자 회사가 될 확률이 높다는 것입니다. 과거에도 부자였고 현재도 부자이며 앞으로 더 큰 부자가 될 회사에 투자하면 그 회사 주주도 부자가 될 수 있습니다.

이들 회사는 비록 텐배거 회사는 아니지만 그에 준하는 공통점과 장점을 지니고 있습니다. 무엇보다 해당 분야에서 독점이나 과점 지위에 있었고 문어발식으로 여러 사업을 벌인 게 아니라 수십 년간 한 우물만 팠지요. 우직한 장인처럼 자신의 분야에서 인정받고 한자리를 차지하고 있는 회사는 관련 산업에 호황이 찾아오면 놀라울 정도로 성장하면서 주가가 큰 폭으로 상승합니다.

의외로 코스닥에는 문어발식으로 이런저런 사업에 손을 대는 회사들이 꽤 있습니다. AI 산업이 유망해 보이면 AI 개발부서를 만들어 연구개발을 하며 신사업 시작을 발표하고, 블록체인 사업이 좀 뜨는 것 같으면 다시 블록체인 사업을 한다고 말합니다. 투자자 입장에서 이런 회사는 주의해야 합니다. 장밋빛 전망만으로 IR이나 보도 자료를 쏟아내며 주가를 부양하거나 시장 상황에 따라 계속 여러 사업을 벌이는 회사는 조심하십시오.

이 점에 주의하면 시장에서 내가 사야 할 기업군과 피해야 할 기업군을 구분할 수 있습니다. 현재 투자하는 회사가 있다면 그 회사가 어디에 속하는지 생각해보는 것도 투자 성과를 높이는 데 도움을 줄 것입니다.

제5장

차트를 분석하기 전에 먼저
시장의 행간을 읽는다

: 선물주는산타의 10배 오르는 매매법

66

'언제'에 집착하지 마라.
'무슨' 일이 일어나는지를 보라.

99

주가가 아닌
시가총액을 보라

투자금 회수기간은 짧을수록 좋다

앞에서도 말했지만 제 절대 투자 기준은 '부자가 될 회사인가'입니다. 어떤 경우에도 목표 지향점이 명확해야 하는데 저는 이 말을 강조하고 싶습니다.

부자가 될 회사를 선택하라!

주식투자를 하면서 제가 가장 싫어하는 회사는 이런 경우입니다.

현재 적자에다 재무 상황이 암울한데 앞으로 기술을 개발하면, 특허가 나오면, 현재 개발 중인 신약에 성공하면, 임상3상에 들어가면, 하면서 자꾸만 영문법 책에서나 볼 법한 'if절'을 사용하는 회사입니다. '만약 ~한다면'을 늘어놓으며 장밋빛 전망으로 현혹하는 것이지요.

이런 회사는 조심해야 합니다. 우리가 투자해야 할 대상은 과거부터 현재까지 부자인 회사 중 앞으로 더 큰 부자가 될 회사입니다. 만약 그런 회사를 찾았다면 과연 그 회사를 얼마에 사고팔아야 하는지 궁금해질 것입니다. 당연히 해당 회사가 현재 좋은 가격대에 있는 것인지, 차트를 보면 이미 바닥에서 주가가 많이 오른 것 같은데 지금 사도 되는지 등 궁금한 것이 많겠지요.

저는 우선 차트의 추세나 보조지표를 무시하고 해당 회사의 현재 사업 내용과 앞으로의 업황 전망을 살펴봅니다. 그리고 해당 회사를 현재의 시가총액에 인수(매수)해도 향후 마진을 남기고 매각할 수 있을지 분석합니다. 주식을 단순하게 주문을 기준으로 하는 매매의 대상으로 보는 게 아니라 회사를 통째로 산다는 개념, 즉 인수하는 관점으로 살피는 것이지요.

이렇게 살펴본 회사 중에서 큰돈을 들여 인수하고 싶은 마음이 없는 곳은 아무리 좋은 보도 자료를 내고 증권사에서 좋은 커버 자료를 실어도 아예 관심을 두지 않습니다. 인수할 가치가 있다고 생각하는 회사만 고려하고 그러한 회사가 나오면 현재 시가총액을 기준으로 매수해도 괜찮은지 살피는 것이지요. 이때 활용하는 것이 해당 회사의 영업현금흐름입니다. 관심이 가는 회사의 시가총액을 해당 회사가 벌어들이는 영업현금흐름으로 나눠보는 겁니다. 그러면 이 회사가 1년에 벌어들이는 영업현금흐름 대비 몇 배 정도에 거래가 이뤄지는지 볼 수 있습니다.

예를 들어 시가총액이 2000억 원인 어느 회사가 1년에 벌어들이는 현금흐름이 300억 원이라고 해봅시다. 이 회사를 지금 바로 2000억 원에 인수할 경우 회사에서 발생하는 현금흐름으로 7년 정도면 투자 원금 2000억 원을 회수할 수 있습니다. 그다음부터 나오는 300억 원은 내 돈(정확히 말하면 회사 돈)으로 남지요. 이때 투자금 회수기간이 짧을수록 싸게 사는 셈입니다. 저는 이런 관점으로 판단합니다.

투자금 회수기간은 7년보다 5년이, 5년보다 3년이 더 좋지 않을까요? 그 기간이 짧아지려면 현금흐름 창출 능력이 대단히 좋거나 시가총액이 아주 싸야 합니다. 그러면 제가 투자한 금액을 빠른 시일 안에 안전하게 회수할 수 있지요.

이 내용을 여러분이 주력으로 투자하고 있는 회사에 적용해보기 바랍니다. 분명 현재 보유하고 있는 회사의 주식을 앞으로 얼마나 더 보유해야 하는지, 해당 회사 주가가 지금 싼 것인지 아니면 비싼 것인지 알 수 있을 겁니다.

만약 투자하고 있는 회사의 시가총액이 1조 원인데 영업활동현금으로 들어오는 금액이 300억 원이라면 회수기간이 무려 30년에 달합니다. 저라면 이런 투자는 하지 않겠습니다. 저는 가능한 한 5년 내

외를 선호하며 10년이 넘어가면 거의 투자하지 않습니다. 물론 여기에 정답은 없으며 5년이란 숫자도 어디까지나 제 기준일 뿐 답은 아닙니다. 제 기준 역시 회사 상태나 업황 등에 따라 조금씩 바뀝니다.

투자를 하다 보면 가끔 마음에 드는 회사의 주가가 급등하는 순간을 만나기도 합니다. 여기서 '급등'의 기준은 사람마다 다르지만 예를 들어 최근 2~3개월 동안 50퍼센트 정도 상승했다고 해봅시다. 만약 시가총액이 1000억 원인데 50퍼센트 오르면 1500억 원이 됩니다.

이때 해당 회사의 현금흐름 창출 능력이 1년에 300억 원 정도라면 일주일 만에 50퍼센트가 오를지라도 이 회사를 인수했을 때 투자금 회수에 걸리는 시간은 5년입니다. 이쯤에서 한 가지만 생각해보기 바랍니다.

'내가 1500억 원을 투자해 저런 회사를 창업했을 때 과연 창업 5년 만에 투자금을 모두 회수하고 그다음 해부터 300억 원씩 현금흐름을 창출할 수 있을까?'

아마도 5년 안에 원금을 모두 까먹지 않으면 다행일 것입니다. 바로 이 관점입니다. 약간의 시세 변동폭에 따라 주식 사고팔기를 반복하는 게 아니라 해당 회사를 인수해서 자식에게 물려주거나 훗날 인수한 가격보다 더 비싸게 팔 수 있을 것이라는 생각으로 해당 회사 주식을 사야 합니다.

순이익이 아닌 영업현금흐름을 보라

주식은 차트에서 그 높이를 계산해 고점 대비 많이 빠졌다며 싸다고 보거나 저점 대비 높아졌다며 비싸다고 보아서는 안 됩니다. 주식을 매수할 때는 현재의 시가총액을 보면서 '지금 내가 이 회사를 이 정도 시가총액에 사는 것이 합당한지 아닌지' 따져봐야 합니다. 이때 비싸다 혹은 싸다는 개념을 분석하는 방법은 다양하겠지만 회사에서 발표하는 순이익이 아니라 실질 영업활동에서 오가는 현금 규모를 바탕으로 해당 기업의 가치를 평가하는 것이 안전합니다.

회사에서 발표하는 순이익에는 실제로 회사에 돈이 들어오기 전의 이익이 잡혀 있거나 과도한 경비, 감가상각 등으로 인해 이익의 질을 정확히 가늠하기 어렵습니다. 흑자 상태에서 부도 처리되는 회사들을 보면 상당수가 흑자라고 발표했을 때의 현금흐름표에서 수년간 영업현금흐름이 마이너스인 경우가 잦습니다. 그래서 저는 각 회사에서 발표하는 연간 영업이익, 순이익 숫자는 참조만 하고 현금흐름을 중요하게 봅니다.

한 가지만 더 살펴봅시다.

예를 들어 시가총액 2000억 원인 회사가 있는데 만약 이 회사의 영업현금흐름이 500억 원이라면 어떨까요? 저는 그 사실을 안 시점이 단기에 주가가 100퍼센트 상승한 경우라도 투자를 합니다. 100퍼센트 상승했다면 시가총액은 이미 4000억 원이라는 얘기입니다. 여기에다 1년에 500억 원 정도 현금흐름을 창출한다면 쌓아둔 자산이 많을 가능성이 큽니다. 만약 실제로 그렇다면 이 회사를 인수한다는 관점에서 투자가치는 충분합니다.

시가총액 4000억 원에 인수해도 8년이면 투자금을 모두 회수할 수 있고 그다음 해부터는 500억 원씩 잔고가 쌓이니 말입니다. 여기에다 부채보다 부동산과 현금 자산이 더 많다면 그것은 덤입니다.

상장한 회사 중에는 순이익이 많이 난다고 발표하지만 현금흐름표를 보면 엉망인 경우가 상당수 있습니다. 이런 회사는 피해야 하며 이는 투자자가 늘 주의해야 할 사항입니다. 일단 시가총액이 해당 회사의 현금흐름, 자산가치에 비해 싼지 아니면 비싼지 판단해보십시오. 여기에 향후 전망까지 밝아야 좋은 투자처입니다.

시가총액과 현금흐름의 관계로 투자하려는 회사의 주가가 현재 좋은 가격대인지, 고평가인지 등의 적정가격 여부를 판단할 수 있습니다. 차트만 보고 단기에 많이 올랐다거나 많이 빠져서 싸다고 하는 말에 관심을 두지 마십시오. 많이 빠진 데는 그만한 이유가 있는 법입니다. 저는 저평가 영역으로 들어갔다는 논리보다 나빠질 이유가 있기에 그만큼 하락한 것으로 보고 싼 게 아니라 피해야 할 회사 중 하나로 인식합니다.

최적의 타이밍은
시장이 변할 때

'when' 대신 'what'에 초점을 맞춰라

주식투자를 하면서 회사를 분석할 때 많은 사람이 '언제'when에 집중한다는 사실을 알고 있습니까? 그들의 질문은 대체로 언제에 초점이 맞춰져 있습니다.

"그래서 언제 오르는데?"

"그게 언제 되는데?"

"언제 사면 되는데?"

반면 저는 언제가 아니라 '무엇'what에 집중합니다.

산업에 무슨 일이 벌어지는데?

회사에 무슨 일이 일어나는데?

그 일이 생기면 회사에 어떤 좋은 영향을 미치는데?

이해를 돕기 위해 우리가 일상생활에서 자주 접하는 미세먼지로 예를 들어보겠습니다.

극심해진 미세먼지가 사회문제로 떠오르면서 기존에 주로 자동차에 장착하는 저가용 필터를 생산하던 크린앤사이언스의 공기청정기 수요가 폭발적으로 늘어났습니다. 이와 함께 그 안에 들어가는 필터 매출이 급증하기 시작했고 계속된 생산라인 증설에도 불구하고 급기야 쇼티지shortage(공급 부족)가 발생하는 상황까지 벌어졌습니다.

온라인 토론방에 가보면 사람들은 이렇게 말합니다.

"곧 미세먼지 시기가 온다. 올해 가을부터 내년 봄에 미세먼지가 많이 온다."

여기에 덧붙여 이제는 공기청정기 회사와 필터 회사에 관심을 두고 사야 한다고 제안합니다. 이것은 어디까지나 매수를 부추기는 글일 뿐입니다. 수급이 붙어 주가가 오르기 직전에 샀다가 미세먼지가 몰려와 이슈가 되면 팔려고 하는 사람들이 올린 글이지요.

크린앤사이언스는 미세먼지가 오는 시기에 맞춰 공기청정기 필터를 개발한 것이 아닙니다. 원래 필터만 생산하는 필터 전문 회사인데 미세먼지('무엇'에 해당) 때문에 사회에 변화가 생기자 필터 분야에서 잔

뼈가 굵은 이 회사가 기회를 잡은 것입니다.

당시 제가 접근한 방법은 이렇습니다.

우선 회사에 전화를 걸어 공장가동률, 경쟁사, 생산 측면에서의 어려움, 향후 전망 등을 문의했습니다. 그런 다음 지방에 있는 공장을 방문해 둘러보고 공장 직원들에게 간식과 담배를 제공하면서 회사 분위기와 업황을 두고 이런저런 이야기를 나눴습니다.

만약 제가 이러한 변화에 주목하는 것이 아니라 '언제'에 초점을 맞췄다면 크린앤사이언스 같은 회사에 '무엇'이 생겼을 때 기회 요인이 발생했음을 못 보고 다른 회사를 골랐을 것입니다. 그러면 좋은 투자 기회를 놓쳐버렸겠지요. 설령 우연히 기회 요인을 알았더라도 큰 변화 줄기가 아니라 시기에 초점을 맞추는 바람에 얼마 되지 않는 수익을 보고 매도했을 가능성이 큽니다.

타이밍이 아닌 이슈에 주목하라

기회를 잡으려면 미리 준비를 갖추고 있어야 합니다. 이것은 회사도 마찬가지입니다.

2019년 급등세를 탔던 5G 관련 회사 오이솔루션은 평소 광트랜시버를 잘 준비하고 있었습니다. 다만 대형 고객사의 글로벌 점유율이 세계 시장에서 미비한 탓에 이 회사도 빛을 못 보고 있었을 뿐입니다.

그러다가 5G 시장이 열리고 고객사가 글로벌 점유율을 크게 늘리기 위해 사업을 확장하면서 그 수혜를 고스란히 누렸지요. 이는 곧 실적 증대로 이어졌고 오이솔루션의 주가는 급등세를 탔습니다.

오이솔루션 입장에서 '무엇'에 해당하는 5G 시장이 열리고 주 고객사가 5G에 사활을 걸면서 무선장비 점유율이 급증했던 것입니다. 원래 오이솔루션은 광트랜시버 분야의 강소기업입니다. 즉, 이 회사는 갑자기 부상한 게 아닙니다. 원래 강했던 회사에 이슈('무엇')가 생기면서 회사가 성장 기회를 잡은 것이지요.

'언제'에 초점을 맞추면 '그게 대체 언제인데?', '언제 되는 건데?' 같은 질문에 집중하면서 타이밍에만 신경을 씁니다. 반면 '무엇'에 초점을 두면 큰 변화에 관심을 기울이는 것이므로 큰 그림을 볼 수 있습니다. 주식에서 핵심은 언제가 아니라 '무슨 변화가 생기는가'입니다.

언제에 초점을 맞추는 사람들은 몇 번은 타이밍을 잡겠지만 자산을 크게 키우는 것은 어렵습니다. 조금 수익이 나면 팔고 다시 좀 빠지면 사고 또 오르면 파는 식이 되어버리기 때문이지요. 몇 번 수익이 나서 돈을 버는 느낌이 들다가도 타이밍을 잡은 몇몇 종목 외에 다른 투자에서는 '언제'의 시점을 잘못 잡아 기존에 낸 수익뿐 아니라 원금까지 잃기도 합니다. 주식시장에서는 이런 일이 비일비재합니다.

왜 우리는 항상
기회를 놓치고 마는가

정보는 틈새를 비집고 떠다닌다

회사의 가장 큰 호재는 실적 향상입니다. 그런데 회사는 여러 사람이 모여서 일하는 곳이고 모든 일은 사람이 하기 때문에 어느 경로로든 회사에서 벌어지는 일은 외부로 알려지기 마련입니다.

물론 특정 정보는 임원급 내에서만 공유하겠지만 일감이 몰리면서 생산라인이 바쁘게 돌아가는 것은 거의 모든 직원이 체감합니다. 그러다 보니 현장 정보는 다른 것보다 더 빨리 주변에 알려지는 특징을 보입니다. 당연히 이것은 회사가 어떤 정보를 공개하거나 실적을 발표하기 전에 이미 주가에 반영되어 주가 흐름에 영향을 줍니다. 회사가 실적을 발표한 후 주가가 더 오르기도 하지만 실적이 나왔을 때 매수하면 단기 고점에 살 우려가 있으므로 주의해야 합니다.

2017년 겨울 질화갈륨GaN 트랜지스터를 만드는 회사 RFHIC가 갑자기 상승하기 시작했습니다. 7000~8000원을 유지하던 주가가 불과 1년 만에 3만 원 수준까지 상승하면서 270퍼센트가 오른 것입니다. 겨우 1년 사이 이 회사에 도대체 무슨 일이 있었던 걸까요?

RFHIC는 2016년 매출 612억 원, 순이익 55억 원이었고 2017년에는 매출 620억 원에 순이익 61억 원 정도였습니다. 그런데 2018년 매출이 급증하면서 1081억 원을 기록했고 순이익도 무려 255억 원에 달했습니다. 제가 오랫동안 주식투자를 해왔지만 단 1년 만에 이처럼 다이내믹한 매출을 올리는 것은 굉장히 보기 드문 일입니다. 주식투자자가 이런 회사를 만나는 것은 대단한 행운이지요. 그야말로 큰 복을 받은 것처럼 엄청난 결과를 창출한 회사를 만난 겁니다.

이때 놀라운 실적을 창출한 회사를 보고 주가가 오른 것만 부러워하면 투자자로서 높은 점수를 받기 어렵습니다. 침착한 자세로 어떻게 1년 만에 그토록 놀라운 실적을 기록했는지 분석하면서 그것을 경험으로 축적해야 합니다.

RFHIC가 갑자기 놀라운 실적을 달성한 배경은 무엇일까요? 저는 이 질문의 답을 찾기 위해 곧바로 분석에 들어갔습니다. RFHIC의 주요 고객사는 한국 삼성전자와 중국 화웨이입니다. 전력과 전압을 조절하는 트랜지스터를 만드는 RFHIC는 그동안 실리콘 소재를 사용해 왔습니다. 그런데 실리콘 소재는 내구성이 떨어지고 고주파를 사용하는 경우 잡음이 많은데다 끊김 현상까지 발생합니다. 365일, 24시간 작동해야 하는 통신장비는 열 발생이 필연적입니다. 그런데 그 열 때문에 실리콘의 내구성이 떨어져 물성이 변화하는 환경에 노출되어 있었던 것입니다. 더구나 5G같이 고주파 영역을 사용하는 곳에서는 더욱더 큰 영향을 받습니다.

이 단점을 극복하기 위해 관련 업계에서는 GaN을 사용해 실리콘 소재를 대체하기 시작했는데, 이것을 국내 최초로 RFHIC가 국산화에 성공해 독점 생산을 했던 것입니다. 그러던 중 5G 시장이 열리면서 삼성과 화웨이가 장비를 대거 주문하자 RFHIC의 실적이 급증하기 시작한 것이지요.

그러나 2017년 겨울 주가가 올라갈 때는 이 회사의 실적이 급증하리라는 사실을 주식시장에서 알지 못했습니다. 아직 분기 실적을 발표하기 전이었으니까요. 그렇지만 해당 회사 직원이나 협력사, 거래처 사람들은 고객사에서 주문이 밀려들고 있음을 피부로 느꼈을 겁니다. 갑자기 일이 크게 늘어나 업무가 바빠졌을 테니 말입니다. 이것이 점차 사람들 사이에 알려지면서 회사가 실적을 발표하기 이전부터 주가가 움직였던 것입니다.

기업 스토리를 읽지 못하면 항상 한발 늦는다

물론 이것은 어디까지나 제 추측이지만 이런 구조로 흘러갔을 가능성이 큽니다.

회사 매출이 늘기 시작하면 해당 회사의 생산직, 관리직 직원 중 누군가는 회사가 갑자기 바빠졌음을 알아챕니다. 아마도 그들은 자신의 지인과 식사를 하거나 커피를 마시며 회사 일을 얘기했을 겁니다. 지인과 대화를 하면서 자신이 하는 일을 철통같이 보안에 붙이는 사람은 거의 없습니다. 대개는 자신이 요즘 어떻게 살고 있는지 스스럼없이 털어놓습니다. 당연히 그 얘기를 들은 사람 중 누군가는 재빨리 주식에 투자했을 확률이 높습니다.

실제로 2018년 분기 실적이 나왔을 때는 이미 주가가 200퍼센트나 상승한 상태였습니다. 해당 실적 공시를 본 증권사에서도 좋은 커버 자료를 내기 시작했지요.

이러한 분기 보고서를 보고 뒤늦게 투자하는 실수를 막으려면 앞서 말했듯 투자 스토리를 크게 그려야 합니다. 기업가도, 기업 제품을 사용하는 소비자도 바로 '사람'입니다. 그러므로 사람이 전파하는 사전 정보에 귀를 기울여 스토리를 포착해야 합니다. 세상 흐름을 읽고 다른 투자자들이 모를 때 싸게 사서 비싸게 파는 것이 큰 수익을 얻는 비결이기 때문입니다.

가치주를 저평가주와
착각하지 마라

저평가 기준은 누구나 '대략' 정한다

저평가 기준은 관점에 따라 모호한 부분이 있습니다. 저는 세계에서
가치투자를 가장 잘한다고 알려진 워런 버핏이 미국 케첩 회사 하인
즈를 25조 원에 인수하고 또 다른 식품 회사 크래프트를 53조 원에
인수했을 때 좋은 투자가 아니라고 생각했습니다. 아마도 당시 워런
버핏은 이들 회사가 저평가되었다고 판단해 자신이 생각한 가치 대
비 인수가가 싸다고 생각했을 것입니다. 그러나 워런 버핏이 인수합
병한 크래프트하인즈는 30퍼센트 이상 하락하는 부침을 겪었고 버

핏은 수십조 원의 손실을 보았습니다.

왜 그랬을까요? 우선 인수 무렵에는 저평가였을지 모르지만 세계적인 건강식품 열풍으로 소비자 기호가 바뀌었습니다. 또한 해당 회사 제품들이 월마트와 아마존에서 판매하는 자체 브랜드인 PB제품에 밀려났습니다. 가치평가를 누구보다 잘하는 전문가 집단에서도 이렇게 실수를 합니다. 하물며 우리 같은 개인투자자는 오죽하겠습니까.

주식투자를 할 때 흔하게 세우는 저평가 기준은 'PER 10 이하', 'PBR 1 이하', '영업현금흐름 몇 배 이하' 등입니다. 그중에서도 PBR은 주가가 해당 회사 순자산의 몇 배에서 거래가 이뤄지는지 보여주는 지표입니다. 이것은 시가총액을 회사의 순자산으로 나누어 구하지요. 다시 말해 회사가 보유한 순자산의 몇 배 정도 가치로 주가를 인정하는지 나타내는 것으로 PBR 배수가 높을수록 자산가치 대비 고평가 상태로 거래가 이뤄진다고 봅니다.

만약 PBR이 1이면 자산과 시가총액을 동일한 수준으로 본다는 것을 의미합니다. PBR이 1 이하면 자산가치를 기준으로 저평가 상태에 놓여 있다고 판단합니다. 회사의 수익가치나 사업모델에 따른 프리미엄 없이 단지 자산가치만 인정해 회사의 시가총액이 낮다고 평가하는 것이지요. 이것이 저평가의 기준이 되는 PBR의 개념입니다.

가령 PBR 0.5배에 거래가 이뤄지면 이 회사의 주가는 자산의 절반에 불과한 가격으로 거래가 이뤄질 정도로 가격이 낮다고 봅니다. 현재의 시가총액에 이 회사의 주식을 몽땅 구입해 상장폐지한 후 회사를 곧장 되팔아도 자산 덕에 자신이 장내에서 산 주식보다 더 많은 이익을 볼 만큼 낮은 가격에 주식이 거래되고 있다는 얘기입니다. 상식적으로 판단할 때 이해하기 어려울 정도로 낮은 가격이라는 뜻이지요.

하지만 저평가 여부를 확실하게 알려주는 정확한 지표는 없다는 사실을 기억하기 바랍니다. 주식은 예체능 영역입니다. 그렇기에 천하의 워런 버핏조차 가격을 정확히 짚어내지 못하는 실수를 하는 것입니다.

주식에서는 업황, 경쟁사 동향, 기술 투자 비용, 기업문화, 사업모델, 해당 회사가 속한 시장의 규모 등 모든 것을 복합적으로 고려해야 합니다. 이것을 수학공식으로 계산하듯 얼마 이하는 저평가고 얼마 이상은 고평가라고 딱 꼬집어 단정하기는 어렵습니다.

저평가주 투자의 함정

저평가로 판단하는 것과 이를 믿고 투자를 하는 것은 별개의 문제입니다. 여기에는 두 가지 이유가 있습니다.

첫 번째, 장내에 있는 그 많은 주식을 지금 보이는 가격선에 모두 매입할 수는 없습니다. 누군가가 매수하기 시작하면 주가가 오르기 때문입니다. 여기에다 현재 가격으로 회사를 팔려고 하는 대주주도 없습니다. 따라서 저는 앞의 시장 판단을 이론에 불과하다고 봅니다. 제가 그 주식을 모두 사들이는 과정에서 가격이 올라 결국 PBR 1 이상으로 거래가 이뤄질 테니까요.

과거 대한민국 곳곳에서 개발붐이 일어나 땅값이 치솟던 시절에는 자산주가 좋은 평가를 받았으나 이제 그런 시대는 지났습니다. 같은 관점에서 PBR 1 이하에서 거래가 이뤄진다고 저평가다 혹은 싸다고 판단해 그 회사 주식을 덥석 사던 시절도 끝났다고 봅니다.

어떤 회사도 자산가치가 빛날 때는 성장성도 커 보이고 현재 기술력이나 매출도 잘 나오며 미래 전망도 밝습니다. 누가 봐도 잘될 회사인데다 자산가치의 질까지 높으면 이 회사는 좋게 보고 접근할 수 있습니다.

두 번째, 저는 단순히 시가총액과 순자산을 비교한 수치가 아니라 해당 자산의 질을 봅니다. 예를 들면 지방에 땅 10만 평을 보유한 회사보다 서울이나 강남에 1000평을 보유한 회사가 나을 수 있습니다. 규모가 작더라도 많은 사람이 탐내고 원하는 자산을 갖고 있을 때 그 가치를 높게 평가하기 때문입니다. 단순히 재무제표상에 찍히는 숫자와 시가총액을 비교해 PBR 1 미만이니 저평가라는 관점에 저는 거부감이 듭니다.

이런 상황도 고려해봐야 합니다. 어떤 회사가 어려움에 처해 있거나 청산 절차에 들어갔을 때 과연 누가 그 재고자산을 시세대로 받아줄까요? 현실을 말하자면 현재 시세의 절반만 받아도 잘 받는 셈입니다. 설령 부동산을 보유하고 있더라도 서울 근교가 아니라 지방에 있는 것이면 회사를 청산할 때 제대로 된 가격에 인수해줄 곳은 없습니다. 대개는 시세보다 훨씬 저렴한 가격에 인수하려고 합니다. 다급한 쪽은 인수자가 아니라 처분하는 쪽이니 말입니다.

그래서 보통 인수자가 시세의 절반 정도로 부를 예상 할인율을 감안해 가격을 매깁니다. 결국 내가 받고 싶은 가격, 현재 회사가 표기한 가격, 지금 거래되는 그 지역의 부동산 시세는 그냥 숫자일 뿐입니다. 그 숫자들이 돈으로 바뀔 때는 크게 할인될 수 있음을 감안해야 합니다.

현금이 아니면 나머지 자산은 상당히 보수적으로 평가하는 것이 바람직합니다. 가령 가게에 10억 원을 들여 인테리어를 하고 운영하다가 사업에 실패해 나가야 한다면 어떨까요? 안됐지만 10억 원은 공중분해된다고 봐야 합니다. 대개는 현재 보유한 자산을 헐값에 넘기고 오히려 기존 인테리어까지 복구해줘야 합니다. 이런 이유로 재고자산은 헐값으로 평가해야 하며 부동산도 시세보다 보수적으로 봐야 합니다. 누구나 눈독을 들이는 강남 일대 부동산이 아니라면 말입니다.

저는 현금과 강남권 부동산이 아니면 해당 자산이 거의 없다고 봅니다. PBR보다 현금성자산, 강남과 서울 일대 부동산 정도만 진짜 자산으로 보고 나머지는 없다는 생각 아래 평가를 합니다.

가치주를 평가하는 수치는 따로 있다

어떤 회사를 평가할 때 무엇보다 중요하게 봐야 할 평가 요인은 해당 회사가 영업으로 벌어들이는 돈의 액수입니다. 저는 이것도 회사에서 발표하는 영업이익, 순이익이 아니라 현금흐름을 기준으로 봅니다. 구체적으로 영업현금흐름을 찾아 해당 회사가 분기, 연마다 어느 정도 현금을 영업으로 벌어들이는지 유심히 들여다보는 것입니다. 이것이 그 회사의 진짜 얼굴이자 모습이기 때문입니다.

그리고 그 회사가 영업현금흐름의 몇 배 수준에서 거래가 이뤄지는지 살펴보고 동종업계와 비교해봅니다. 타 경쟁사는 영업현금흐름의 몇 배 수준에서 거래가 이뤄지는지 서로 비교해보는 것이지요.

마지막으로 내가 이 회사를 인수하고자 한다면 지금 시가총액에 따른 영업현금흐름이 합당한지, 매력적인지 등을 보고 저평가 여부를 판단합니다. 이때 딱 몇 배수를 일률적으로 적용하지는 않습니다. 회사 내용, 산업 크기, 앞으로 나올 이슈와 산업 전망에 따라 인수가가 달라지기 때문입니다.

이 회사는 영업현금흐름의 5~6배에 인수할지라도 다른 회사는 10배 수준에서 인수할 수도 있습니다. 경우에 따라 15배 이상도 나올 수 있으므로 딱 몇 배 이하가 저평가라거나 좋은 가격이라고 말하기는 어렵습니다.

주식 관련 책을 보면 다양한 가치평가 방법이 존재하지만 솔직히 저는 심플하게 볼 것을 권합니다. 이를테면 제가 빵집을 인수하려 할 때 제게 아무리 인테리어, 위치, 브랜드 가치 등을 강조해도 저는 관심을 두지 않습니다. 가게 주인이 제게 팔려는 가격과 한 달에 벌어들이는 영업현금흐름을 비교했을 때 '내가 좋은 가격에 산다'는 생각이 들어야 좋은 거래이자 싸게 사는 것입니다.

　저는 회사를 평가하는 다양한 분석과 평가 방법도 동일한 관점으로 판단합니다. 이런저런 분석법이 있지만 결국 해당 회사가 지금 영업으로 벌어들이는 돈을 따져보고 그 돈 대비 몇 배를 부르고 있는지 봐야 합니다. 제게 부르는 가격은 현재 보이는 시가총액이므로 인수자 관점에서 따져보는 것이 중요합니다. 인수자의 입장으로 영업현금흐름의 몇 배에서 회사를 사는 게 합당하고 좋은 거래인지 생각해 보는 게 핵심입니다.

직장인에게
가치투자를 권한다

직장인투자자를 위한 세 가지 질문

본업이 따로 있어서 시간 제약을 받는 직장인이 주식투자를 하며 가장 어려워하는 부분은 시장 상황에 발 빠르게 대응할 수 없다는 점입니다. 상승할 때 매수 타이밍을 잡거나 재빠르게 올라탈 수 있어야 하는데 일을 하느라 눈치를 보다가 매번 타이밍을 놓치기 때문입니다.

하지만 주식으로 수익을 내고 돈을 벌고자 할 때 매매 타이밍은 별로 중요하지 않습니다. 트레이딩을 하며 하루에도 여러 번 사고파는 식의 투자는 직장인이 접근할 수 있는 방식이 아니므로 타이밍을 크게 고려할 필요가 없습니다. 정작 중요한 것은 이것입니다.

내가 제대로 된 산업을 골랐는가?
그 안에서 제대로 된 회사를 선택했는가?

타이밍이 아니라 선택이 중요합니다. 좀 더 디테일하게 얘기하자면 이렇습니다.

내가 관심이 있는 산업에 변화가 일어나 그 안에 속한 회사의 실적에 본격적으로 변화가 있을 거라고 보는 시점을 기준으로 6개월에서 1년 전에 투자하는 것이 좋습니다. 이때는 보통 시세에 반영되기 전이라 좋은 가격에 투자할 수 있습니다.

여기에 리스크가 있다고 판단한다면 그 회사를 주목하고 있다가 거래량이 대거 몰리면서 10퍼센트 내외로 강한 상승세를 보이기 시작할 때를 노리십시오. 그때는 대체로 본격적인 상승 시작을 알리는 순간입니다. 물론 이것을 모든 경우에 적용할 수는 없습니다. 항상 그런 것은 아니니까요. 따라서 하나의 공식처럼 받아들이지 말고 참조하는 정도로만 이해하기 바랍니다.

부동산 시장의 경우 호재가 막 터졌을 때 하루가 다르게 호가가 상승합니다. 주식도 이와 마찬가지입니다. 산업에 변화가 생겨 그 안에서 해당 회사가 주목받기 시작하고 실제 실적까지 좋아지려 할 경우 주가에 거래량이 실리면서 변동성이 커집니다.

만약 보유기간을 짧게 가져가려 한다면 이때가 투자 시기입니다. 그리고 지금까지 줄곧 이야기한 시가총액을 보면서 '지금 가격이면 내가 이 회사를 인수할 것인지' 판단해 주식을 살지 말지 최종 결정하면 됩니다.

어제보다 5퍼센트 혹은 10퍼센트 올랐다고 머뭇거리면 안 됩니다. 어제보다 오른 것을 기준으로 삼지 마십시오. 중요한 질문은 다음 세 가지입니다.

성장하는 산업에 속해 있는가?
그 산업 안에서 해당 회사가 수혜를 보는가?
시가총액상 현재 가격에 이 회사를 인수해도 되겠는가?

이 세 가지 질문을 해본 뒤 인수하고 싶은 생각이 든다면, 현재 가격에 사서 나중에 더 높은 가격에 팔 수 있다는 확신이 든다면 과감하게 투자해야 합니다.

시세를 보지 않고도 고점에 매도하는 법

직장인투자자는 흔히 최근 상승률 때문에 머뭇거리다가 실패하거나 실수를 합니다. 망설이다가 오르지 않은 주식이나 더 빠진 주식을 사기 일쑤인데 이것은 가장 피해야 할 아주 나쁜 투자 방식입니다.

한번 생각해봅시다.

좋은 주식의 시세가 내려올까요? 좋은 위치에 교통시설과 학군까지 좋고 여기에 더 좋은 호재가 나오는 부동산은 호가가 오르면 올랐지 내려오지 않습니다. 만약 가격이 내려오거나 주변 시세보다 낮다면 그것은 저평가가 아니라 무언가가 부족할 가능성이 큽니다. 이것은 주식도 마찬가지입니다.

이 점을 염두에 두고 투자를 해야 합니다. 직장인투자자는 보통 일하는 틈틈이 네이버 증권을 들여다보거나 스마트폰으로 앱을 켜서 자꾸만 확인하는데 이는 시세에 투자하기 때문입니다.

이와 달리 산업과 회사를 보고 해당 회사를 인수한다는 생각으로 투자할 경우에는 자세가 달라집니다. 어떤 회사를 선택하고 어느 타이밍에 사야 하는지, 어떤 마음가짐으로 보유해야 하는지, 언제 팔아야 하는지 자동으로 계산이 나오니까요.

언제 팔아야 하는지는 어떻게 계산할까요? 시가총액을 보면서 제3자에게 지금보다 더 비싸게 팔기는 어렵다는 판단이 서거나 '이 정도면 만족한다'는 생각이 들 때 팝니다. 꼭지, 그러니까 가장 비싼 가격에 파는 것은 불가능한 일이니 아예 생각하지도 말기를 바랍니다.

주가는 시세가 아닌
사이클을 읽어라

경제 변화는 주식시장부터 시작한다

주식시장은 기본적으로 현재 일어나고 있는 현상을 바탕으로 향후 일어나게 될 일들이 먼저 반영됩니다. 예를 들어 코로나19 사태로 가장 먼저 요동친 곳이 바로 주식시장이었습니다. 주식시장은 전에 볼 수 없던 급락세를 보였습니다. 미국, 한국, 이탈리아 등 많은 나라가 주식시장에 돈을 쏟아부었지만 진정되지 않았습니다.

　사실 대다수의 사람들은 코로나19에 감염되지 않는 한, 확진자와 사망자가 늘어나는 것을 뉴스나 온라인 텍스트로 접하는 게 전부이기에 이후에 내 생활이 얼마나 변할지 와닿지 않을 수 있습니다. 주식 시장에서는 사상 최악의 폭락이다, 10년 만에 코스피 1500선이 붕괴됐다, 코스피에서 역사상 네 번째 서킷브레이커가 발동됐다는 등의 기사가 쏟아지며 패닉 상태에 빠져 있지만, 이 역시 그들만의 리그라고 생각할 수 있습니다. 하지만 주식시장이 돈의 흐름을 가장 먼저 반영한다는 것을 이해해야 합니다. 즉, 주식시장의 폭락은 곧 실물 경제의 침체를 알리는 위험 신호라는 것입니다.

아시아로 끝날 줄 알았던 코로나19는 미국, 유럽 등에도 퍼져 확진자와 사망자 수가 기하급수적으로 늘어났습니다. 결국 WHO는 팬데믹을 선언하며, 세계적으로 전염병 확산이 최고 위험 등급임을 공포했습니다. 사태가 심각해지자 각 정부는 사람들의 이동을 제한했고 개인 역시 스스로 외출을 삼갔습니다. 회사는 단축 근무나 재택 근무, 시간제 근무 등 접촉을 최소화하는 방향으로 근근이 업무를 이어갔습니다.

사람들이 집 안에 갇혀 있으니 소비가 멈추었습니다. 소비가 줄어드니 재화와 서비스를 제공하는 기업과 자영업자는 힘들어졌습니다. 각국을 오가던 비행기가 멈추었고, 사람들은 물론 물류의 유통도 줄었습니다. 매달 고정비를 부담하느라 기업들은 적자가 생겼고, 소상공인들은 대출을 더 늘려 관리비를 내야 하는 상황에 처했습니다. 이 과정에서 실직자와 폐업자가 늘어나 소비가 더욱 위축되는 악순환이 벌어집니다.

역사적으로 주가 급락 사태 이후에는 언제나 경기 침체가 따라왔습니다. 각국 정부가 주식시장을 사수하고자 노력을 기울이는 이유이지요. 그러나 100년에 한 번 올 법한 급락장은 일어나고 말았습니다. 이제는 이후에 벌어질 일들을 대비해야 할 때입니다.

주가 사이클을 이해하면 불안은 사라진다

주식시장은 상승과 하락의 이유가 달라질 뿐 기본적으로 상승─하락─횡보의 사이클을 그립니다. 다만 원인이 무엇이냐에 따라 하락의 폭과 기간이 달라지지요. 2020년 상반기에 코로나19 사태로 나타난 하락 구간은 유달리 깊은 하락폭을 그렸습니다. 주가 하락이 멈추면 정부에서 막대한 재정을 쏟아부으며 기업과 자영업을 살리기 위한 노력을 기울이고, 우리는 다시 일상으로 돌아오게 됩니다. 그때가 되면 가장 빠르게 움직이는 주식시장은 이미 상승세를 타고 있을 것입니다.

우리가 이 시점에서 준비해야 하는 것은 현금을 모아두었다가 다시 상승 사이클이 오기 전에 투자를 시작하거나 확대하는 것입니다. 주식시장이나 부동산시장에서 모두가 위기를 느끼고 공포감을 갖고 있을 때 누군가는 이것을 기회로 삼습니다. 사람들은 외환위기가 지나고 나서 이런 말을 많이 합니다.

"다시 경제 위기가 오면 저점에서 투자를 하겠다!"

하지만 지금의 코로나19 사태를 보면 느낄 수 있듯이 막상 닥치면 공포에 질려 투자를 해야 할 때 하지 못하는 상황이 벌어집니다. 대박을 꿈꾸며 부자가 될 기회라고 여기던 경제 위기가 닥쳤지만, 부자가 될 기대감은커녕 한숨 소리만 가득합니다. 힘든 시기이지만 이런 위기야말로 100년에 한 번 오는 기회일 수 있습니다. 이 책에서 이야기하는 투자의 기본을 잘 이해하고 준비한다면 반드시 잡을 수 있는 기회이기도 하지요.

제6장

나는 이렇게 투자해서
100억 원을 벌었다

: 선물주는산타의 가치투자 따라 하기

"

내 수익률이 높은 이유는 두 가지다.
나는 절대 회사를 먼저 보지 않는다.
그리고 기다릴 줄 안다.

"

1단계,
미래 성장 산업 찾기

• • •

누구든 매일 경제 뉴스를 보면서 성장 산업을 찾다 보면 어떤 산업에서 변화가 올지 감지할 수 있습니다. 어떠한 뉴스를 접할지라도 성장 산업을 염두에 두고 훑어볼 때는 무료함을 달래고자 하릴없이 뉴스를 뒤적일 때와 다른 시각으로 접근하게 마련입니다.

2018년 5G 분야에 큰 바람이 불어올 거라고 생각한 뒤부터 그다음은 어디일지 항상 고민했습니다. 현재 투자하는 회사가 있어도 그다음에 투자할 산업을 찾는 것은 지난 20여 년 동안 몸에 밴 습관이자 일상생활에서 자연스럽게 행하는 삶의 일부입니다.

2018년부터 자동차 산업에 변화가 일어나기 시작했습니다. 일단 구글의 자회사 웨이모가 자율주행차를 만들어 미국에서 택시 사업을 하겠다고 발표했습니다. 국내 완성차 업체가 자율주행차에 수십조 원을 쏟아부을 거라는 기사도 나왔지요. 여기에 해외 완성차 업체가 자율주행차와 전기차 개발에 투자할 수십조 원을 마련하기 위해 기존 노동자를 대거 해고할 예정이라는 소식까지 들려왔습니다.

유튜브에 올라온 웨이모의 자율주행차는 놀라울 정도로 완벽한 운행 실력을 뽐냈습니다. 2019년 라스베이거스에서 열린 국제전자제품박람회CES에 갔을 때 자율주행차가 거리를 돌아다니던 기억까지 더듬어보니 국내에서만 크게 느끼지 못할 뿐 해외에서는 벌써 상당한 수준으로 발전했음을 알 수 있었습니다.

2021년 출시하는 벤츠의 고급차에는 운전자가 전면을 응시하지 않고 창가나 주변을 보며 가도 좋을 정도의 기술을 장착한다고 합니다. 2021년 이후 자율주행차 바람이 크게 불겠다는 생각이 들었습니다.

'이보다 더 큰 성장 산업이 있을까?'

저는 반도체, 조선, 화장품, 5G를 이을 성장 산업은 바로 자율주행 산업이라고 봅니다. 실제로 저는 4~5년 전부터 현대, 벤츠, BMW의 고급 차량을 이용하면서 이 시장을 계속 살펴보고 있었습니다. 반자율주행 기능을 탑재한 차와 그렇지 않은 차를 탔을 때의 불편함 차이는 생각보다 컸습니다. 자율주행 기술을 고급차가 아닌 차에도 탑재해 점차 대중화하는 모습을 그려보며 미래 전망이 밝다는 생각을 했습니다.

그러다가 최근 '2021년부터 본격 성장하겠구나' 하는 생각을 굳힌 것입니다. 다시 말해 주사위를 던지듯 가볍게 선택한 것이 아니라 면밀하게 여러 정보를 확인하고 실제 제품을 사용해본 뒤 결정한 것입니다. 지금도 첨단운전자보조시스템ADAS 기능을 탑재한 차량을 타면서 늘 변화의 바람을 느끼고 있습니다.

이렇게 하나의 산업을 선정했다면 해당 산업 생태계를 이해하기 위해 공부를 해야 합니다. 여기서는 간략하게 설명하고 있으나 실제로는 꽤 긴 시간 자율주행 산업에 관해 공부했습니다. 웨이모 개발팀에 연락도 해봤고 GM과 거래하는 미국 현지 엔지니어에게 궁금한 점을 물어보기도 했지요. 가능한 한 최선을 다해 정보를 찾으면서 오랜 기간 산업을 지켜봐온 것입니다. 설령 웨이모나 GM 엔지니어에게까지 물어가며 공부하지는 않더라도 네이버 검색이나 구글링 정도는 해보는 것이 좋습니다.

그럼 간단하게 자율주행차 시장을 살펴봅시다.

현재 전 세계에서 자율주행 상용차를 가장 잘 만드는 곳은 테슬라입니다. 시범 서비스에서는 구글의 웨이모가 가장 뛰어납니다. 기술력만 보자면 전 세계에서 웨이모를 앞서는 곳은 없습니다. 유튜브에서 웨이모 차량이 움직이는 영상을 볼 수 있으니 참고하기 바랍니다.

사실 공식적으로 기술력이 뛰어나다고 인정받는 곳은 GM입니다. 본격적인 상용화보다 테스트 차량과 특허 기준으로 보았을 때만 GM을 2위로 보는 것입니다. 테슬라는 사실상 두 번째에 해당하는 기술력을 지니고 있다는 얘기지요. 아무튼 지금은 순위가 중요한 게 아니니 이 정도만 알고 있어도 괜찮습니다.

그다음으로 웨이모와 테슬라의 자율주행차가 어떤 로직으로 운행이 이뤄지는지 알아야 합니다. 웨이모와 테슬라의 오토파일럿 기능은 다른 완성차 업체들이 따르고자 하는 길이자 눈에 보이지 않는 국제 표준이라 할 수 있습니다.

웨이모는 구글의 자랑인 알파고의 AI 딥러닝 기술을 바탕으로 합니다. 하드웨어는 자체 개발하거나 글로벌 부품사의 도움을 받는 것으로 알려져 있지요. 이들은 레이더와 라이다를 비롯해 카메라 부품을 사용하는 반면 테슬라는 고가의 라이다 제품을 사용하지 않고 센서와 카메라에 의존해 자율주행을 하고 있습니다.

2단계,
관련주 리스트 만들기

• • •

국내 자율주행 산업에는 어떤 회사들이 속해 있을까요? 이 책에는 일부 회사를 분석해 실었는데 이는 평소 제가 바라보는 접근법을 다룬 것일 뿐 해당 회사를 추천하거나 폄하하기 위한 글이 아님을 밝혀둡니다. 분석 내용도 제3자의 입장에서 주관적으로 쓴 것이므로 정확성에 한계가 있음을 미리 알려드립니다.

관련주를 조사할 때는 신문 기사, 증권사의 홈트레이딩시스템HTS, 유튜브, 블로그, 주식 카페, 증권 토론방에 올라온 목록 등으로 1차 리스트업을 합니다. 이왕이면 시간을 충분히 두고 검색 시기와 방법을 달리하면서 여러 번 조사를 하지요.

과연 대한민국에서 테슬라나 웨이모보다 뛰어난 소프트웨어를 제공하거나 보급할 수 있을까요? 안타깝지만 저는 불가능하다고 봅니다. 여러 정보를 분석한 결과를 토대로 저는 이 점을 자신 있게 말할 수 있습니다.

자동차는 안전사고 위험을 최대한 줄여야 하므로 검증되지 않은 소프트웨어나 하드웨어를 사용할 수 없습니다. 우리가 사용하는 마이크로소프트를 대체할 OS 업체가 국내에서 나오지 않았다는 점, 모바일 OS도 삼성 제품조차 시장점유율이 1퍼센트 이하라는 점으로 미뤄보건대 안전과 직결되는 소프트웨어는 더욱더 검증된 회사의 제품을 쓸 수밖에 없을 겁니다.

더욱이 구글이나 테슬라보다 많은 학습량과 데이터를 국내에서 제공하는 것은 완벽하게 불가능합니다. 그래서 소프트웨어 업체 중 자율주행 산업 성장으로 수혜를 볼 만한 곳을 찾기는 어렵습니다.

그러면 하드웨어는 어떨까요? 국내 회사들이 IT 부품에 강점을 지니고 있어서 이 분야는 경쟁력이 있다고 봅니다. 결국 방향은 명확합니다. 우리는 국내 회사를 볼 때 소프트웨어보다 하드웨어 위주로 살펴봐야 합니다.

이러한 조사 과정을 거치면 대략 20개의 종목이 나옵니다. 여기에 제가 찾은 종목을 나열해 보겠습니다.

만도	팅크웨어	아이쓰리시스템
코리아에프티	모바일어플라이언스	트루윈
현대모비스	앤씨앤	옵트론텍
켐트로닉스	칩스앤미디어	엠씨넥스
에이테크솔루션	텔레칩스	에이치엔티
한온시스템	아이에이	

이 밖에도 여러 종목이 있지만 말도 안 되는 회사를 끼워 맞춘 경우라 여기에 올리지 않았습니다. 사실 위 목록 중에는 자율주행 관련주에 억지로 집어넣었거나 경쟁력이 별로 없는 회사도 있습니다.

일단 처음에는 최대한 많이 검색하고 조사해봐야 합니다. 글을 작성하는 기자나 분석한 사람의 관점에 따라 관련주가 누락되는 경우도 있으니 다양한 관점에서 여러 경로로 조사하는 게 좋습니다. 이때 조사는 하루나 이틀 만에 끝내지 말고 시간을 충분히 두고 하는 것이 바람직합니다.

그렇게 조사한 다음 리스트에 오른 회사 중에서 내 투자 원금을 지켜주고 앞으로 더 큰 부자 회사가 되어 나와 가족, 임직원을 부자로 만들어줄 회사를 찾으면 됩니다.

3단계,
인수할 기업 선정하기

• • •

전 재산을 쏟아부어 인수해야

한다면 어느 회사에 투자하겠는가?

회사를 고를 때는 위의 명제를 충족하는지 확인해야 합니다.

전 재산을 쏟아부어 투자하는데 원금을 지켜주지 않을 회사에 투자하겠습니까? 회사를 인수해 경영하고 자식에게 물려줄 수 있을 만큼 앞으로 부자가 될 회사도 아닌데 투자하겠습니까? 지금까지 쌓아온 돈을 까먹거나 말아먹을 회사라면 인수하겠습니까?

사실 주식투자는 '회사를 인수한다'는 말에 모든 것이 함축되어 있습니다. 이것을 고려하는 투자자는 PER이 높다, PBR이 높다, 차트 흐름이 좋지 않다는 관점으로 임하는 투자자와 투자의 결이 완전히 다릅니다.

아무리 상권이 좋고 인테리어가 훌륭한 빵집일지라도 그 집 빵맛이 좋지 않으면 아무도 찾지 않습니다. 다시 말해 '실체'가 중요합니다. 마찬가지로 인수한다는 자세로 투자에 임하면 다른 것에 현혹되지 않고 실체를 보려는 노력을 기울이게 됩니다.

제가 생각하는 투자의 핵심은 다음 질문을 던지는 데 있습니다.

내가 인수할 가치가 있는 회사인가?
내가 인수하고 싶은 회사인가?

어떤 회사가 눈에 들어왔을 때 이 간단한 질문을 해야 한다는 사실을 깨닫기까지 저 역시 힘든 순간을 많이 경험했습니다.

이제부터 제가 리스트업한 회사 중 최종적으로 인수하고 싶은 회사가 있는지 살펴봅시다. 여기서 명확히 해둘 것은 정확한 답을 찾아내는 분석법은 존재하지 않는다는 사실입니다. 저 역시 제가 선택한 회사가 성공할지는 분석하는 시점이 아니라 시간이 지나야 알 수 있습니다. 발로 공을 차서 골대로 보낼 때 공이 발에 닿는 순간에는 그것이 골로 연결될지 알 수 없습니다. 결과는 시간이 지나봐야 아는 법이지요.

제 말을 이해했다면 이제 회사를 골라봅시다. 여기서는 앞서 말한 종목 중 몇 개만 골라 설명하겠습니다. 다만 어디까지나 회사를 제 주관적 관점으로 살펴본 것이므로 정답이라 여기지 않았으면 합니다. 이 점을 주의하면서 봐주길 바랍니다.

팅크웨어

팅크웨어는 차량용 내비게이션에 들어가는 지도맵 아이나비를 만든 회사입니다. 지금은 모바일이나 완성차 업체에서 만든 내비게이션의 품질이 워낙 뛰어나 아이나비 내비게이션을 따로 사용하지 않아도 될 정도지만 과거에는 매립이나 거치형으로 아이나비 내비게이션을 많이 사용했습니다.

그러다가 스마트폰 보급이 늘어나 티맵과 카카오내비 이용률이 높아지면서 따로 내비게이션을 구비하는 수요가 대폭 감소했지요. 수시로 업데이트해야 하는 불편함에다 스마트폰 내비게이션처럼 그야말로 스마트하게 작동하지 않는 것도 단점으로 작용해 점차 이용률이 감소한 것입니다.

그러자 팅크웨어는 블랙박스를 만들어 내비게이션 매출 하락에 따른 수익 감소를 보완했는데, 지금은 더 나아가 인터넷상에 자율주행 관련 회사라는 말이 나오고 있습니다.

여기서 잘 생각해봅시다. 자율주행이 말처럼 쉬운 분야인가요? 내비게이션과 블랙박스를 만드는 회사에서 자율주행의 어떤 부분을 만든다는 것일까요? 카메라일까요? 카메라 쪽에는 이미 선도 기업이 있는데 대량생산에 가격 경쟁력까지 갖춘 그 회사들을 상대로 경쟁하기는 어렵습니다. 지도 제작 기술과 경험도 경쟁사가 무수히 많기 때문에 팅크웨어만의 경쟁력이라 보기 어렵고요.

제 개인적인 관점에서 팅크웨어가 자율주행 관련주가 될 가능성은 없습니다. 또 이 분야에서 경쟁력을 갖추는 것도 거의 불가능합니다. 실은 이 회사가 지금까지 해온 사업 자체도 매출과 이익이 크게 감소하는 상황이라 기존 사업을 유지하는 것도 힘듭니다. 여기에다 많은 돈과 시간을 투자해야 하는 자율주행 산업으로 진출하거나 사업을 확장한다면 비용 증가로 버티기가 힘들어질 것입니다.

이제 투자자 입장에서 생각해봅시다.

'내가 돈을 투자해 인수할 가치가 있는 회사인가?'

내비게이션은 이미 완성차 업체의 자회사들이 헤드업디스플레이와 연동하는 고품질의 제품을 만들어내고 있습니다. 또 티맵이나 카카오내비, 네이버 지도 같은 모바일 앱이 맛집 등을 쉽고 편리하게 이용할 수 있는 기능을 제공하고 있어서 매출은 더욱 줄어들 것입니다. 블랙박스 역시 레드오션이라 경쟁이 치열한 탓에 이 회사가 주력 사업으로 육성하기 어려운 상황입니다.

그럼에도 불구하고 인터넷상에 자율주행 관련주라는 카테고리 안에 있다고 해서 전 재산을 털어 넣어 회사를 인수하고 싶은 마음이 있는지요? 저라면 단 1원도 투자하지 않겠습니다. 물론 이것은 제 주관이며 투자자마다 생각이 다를 수 있음을 인정합니다. 투자에 정답은 없지요.

만도

만도는 ADAS 시장에서 국내 1위 업체로 현대차가 사용하는 ADAS는 만도의 제품입니다. 그동안 제가 몰아본 차종에는 현대차가 제작한 고급차를 비롯해 독일의 벤츠·BMW·포르쉐, 영국 차, 이탈리아 스포츠카 등이 있습니다.

제 경험상 가장 뛰어난 ADAS는 벤츠에 장착한 것과 현대차에 탑재된 만도였습니다. 실제로 만도는 국내에서 최고로 인정받는 자동차 부품 회사이자 자율주행 관련 회사입니다. 당연히 이런 회사는 인수하고 싶은 마음이 들지요.

다만 덩치가 너무 크다는 것과 자율주행 관련 품목이 전체 매출에서 차지하는 비중이 아직은 높지 않다는 단점이 있습니다. 현재까지는 완성차 업체들의 판매량에 큰 영향을 받고 있다는 얘기입니다. 따라서 자율주행 시장이 더 커져도 기존 일반 차량에 들어가는 주력 부품 판매가 부진하면 주가 상승에 제동이 걸릴 수 있습니다.

결국 일반적으로 보면 매우 좋은 회사지만 투자 관점에서는 인수하기에 조금 부담이 가는 회사입니다.

현대모비스

현대모비스는 만도와 성격이 비슷한 회사입니다. 현대차에 들어가는 전체 부품의 반 정도를 현대모비스가 담당하고 있지요. 이 회사가 만드는 주요 품목은 전방센서와 제동 시스템입니다.

현대모비스는 회사 자체의 펀더멘털은 좋지만 자율주행 관련 회사로 보고 인수하는 데는 다소 무리가 따릅니다. 그래서 현대차 그룹이 자율주행 기술을 해외 업체와 합작해 개발하고 있는 게 아닌가 싶습니다. 아직은 현대모비스의 전체 매출에서 자율주행이 차지하는 비중이 미비하므로 이 회사를 자율주행 관련주로 본다면 인수하기에 적합한 투자 대상이 아니라고 생각합니다.

엠씨넥스

엠씨넥스는 스마트폰과 자동차에 들어가는 주차보조, 전후방 측면 카메라를 만드는 업체입니다. 스마트폰이 듀얼카메라에서 트리플카메라로 넘어가면서 스마트폰 한 대당 들어가는 카메라 수가 늘어나 이 회사는 매출이 급증하는 추세에 있습니다. 여기에 이제 차량용 매출도 나오고 있는데 이것이 전체 매출에서 8 대 2 비율을 차지하고 있습니다. 앞으로 차량에 들어가는 카메라에 잘 대응한다면 전망이 아주 밝을 거라고 봅니다.

사실 스마트폰은 다른 내용으로 차별화하기가 어렵습니다. 그래서 아직은 카메라와 영상으로 계속 차별화를 꾀하는 추세입니다. 더욱이 지금은 셀카 사진을 비롯해 유튜브, 인스타그램 등에 올릴 영상을 많이 찍는 시대라 카메라와 영상 수요가 커지고 있어서 스마트폰 부문에서도 성장 전망이 밝습니다.

차량 역시 고가의 라이다를 카메라로 대체하려는 움직임 덕분에 고성능 카메라의 니즈와 차량 한 대당 들어가는 수량 자체가 더 늘어날 것으로 보입니다. 한마디로 엠씨넥스는 제가 인수하고 싶은 회사입니다.

아이쓰리시스템

아이쓰리시스템은 방산용 무기에 들어가는 적외선 카메라를 만드는 회사입니다. 국내에서는 독점으로 카메라에 들어가는 적외선 센서를 만드는 기업이며, 전 세계적으로도 8~9곳의 업체뿐입니다. (트루원이라는 회사도 적외선 센서를 만든다는 보도 자료가 있으나 여러 사업 중 하나라 선택과 집중에 한계가 있어 보이며, 앞으로 생산될 사양은 가격과 품질의 경쟁력이 아이쓰리시스템에 비해 떨어진다고 필자는 판단했습니다.)

과거에는 적외선 센서를 무기 제조에 주로 사용했으나 현재는 민간에서도 많이 사용하는 추세입니다. 특히 치과 치료용 엑스레이 장비와 코로나19 사태로 수요가 폭증한 열화상 카메라를 제작하는 데 필수 부품이기도 합니다. 실제로 아이쓰리시스템은 코로나19 사태 당시 중국과 해외에서 수출 문의가 들어올 정도로 기술력을 인정받고 있습니다. 국내에서도 관공서, 공항, 학교, 기업체 등에서 광범위하게 쓰여 그 수요가 폭발적으로 늘어났습니다.

아이쓰리시스템이 자율주행 산업의 수혜를 받을 것이라고 생각하는 이유는 적외선 센서가 시야 확보가 어려운 상황에서 안전 주행을 할 수 있도록 돕는 필수 기술이기 때문입니다. 적외선 센서는 야간이나 비 혹은 눈이 내리는 좋지 않은 날씨에서 시야를 확보하고 사물과 보행자를 구분하는 데 빛을 발휘합니다.

미국에서 우버가 야간에 자율주행으로 차량을 운행하다가 어두운 곳에서 자전거를 끌고 오던 보행자를 그대로 치는 바람에 보행자가 사망하는 사고가 발생한 적이 있습니다. 저 역시 차를 몰고 지방에 내려갈 때, 도심에서 날씨가 좋지 않은 날 밤에 사거리를 지날 때, 보행자가 있을 만한 곳을 지날 때 긴장을 합니다. 그때마다 전방의 차뿐 아니라 사각지대에 있거나 도로 옆에서 나올 수 있는 보행자를 인식해 미리 경고해주고, 상황에 따라서는 긴급 제동을 해주었으면 좋겠다는 생각을 많이 했습니다.

자율주행이 아니어도 편의장치, 안전장치에 대한 고객의 요구와 사양이 높아지고 있는 시점입니다. 그에 따라 현재 차량에 많이 탑재되어 있는 ADAS에도 적외선 카메라가 장착되는 시기가 도래할 것으로 전망됩니다. 실제로 2021년부터 세계적인 열화상 카메라 제조업체인 플리어시스템의 제품이 독일 자동차 3사(벤츠, BMW, 아우디)에 공급되어 적외선 센서가 탑재된 차량이 출시될 것이라는 소식입니다. 향후 독일 3사에서 출시되는 차량에 적외선 카메라를 탑재한다면 국내 완성차 업체들도 2021~2022년에 출시되는 차량부터는 적외선 카메라를 탑재하지 않을까 생각이 됩니다.

방산에서만 사용하던 적외선 카메라가 민간에 대중적으로 보급되며 새로운 패러다임이 시작될 것으로 보입니다. 이처럼 세계적인 흐름에 따라 적외선 카메라 수요가 갈수록 늘어날 전망인 만큼 아이쓰리시스템이 국내 독점 회사로서 큰 수혜를 보리라고 예상합니다.

칩스앤미디어

비디오코딩 등의 기술을 갖춘 **칩스앤미디어**는 반도체 회사와 라이선스 계약을 맺고 로열티를 받는 사업을 하고 있습니다. 제가 사업보고서를 죽 읽어보니 저 같은 비전공자는 한눈에 알아보기 힘들 만큼 내용이 좀 어려웠습니다.

이 회사가 어떤 경쟁력을 갖췄는지, 시장 규모는 어느 정도인지, 엔비디아나 ARM과 어떻게 다른지, 경쟁사에 비해 어떤 차별점이 있는지, 경쟁사가 사업을 확장하거나 강화하면 타격을 받지 않을지 등이 쉽게 그려져야 하는데 잘 그려지지 않았지요. 또한 현재 어떤 기술을 개발하고 있는지, 앞으로 어떤 기술이 유망한지, 유망한 기술을 위해 회사가 어떤 준비를 하고 있는지, 경쟁사와는 기술에서 정확히 어떤 차이가 나는지, 특허권 사용 계약은 어떻게 맺었는지 등을 잘 파악하기 어려웠습니다.

이럴 경우 모든 것을 회사에 의지해 투자할 수밖에 없습니다. 즉, 회사에 연락해 알아보거나 회사에서 내부적으로 진행하는 내용을 수시로 파악해야 하죠. 저는 이런 투자를 선호하지 않습니다. 굳이 회사에 자주 연락하지 않아도 저 혼자 분석과 전망이 가능해야 관심을 기울입니다. 다시 말해 저 혼자 쉽게 그림이 그려져야 선택 후보에 올립니다.

그런 측면에서 불확실성이 크므로 저는 이러한 투자처를 좋아하지 않습니다. 설령 해당 회사의 기술력이 정말로 뛰어날지라도 말입니다. 상황이 이럴 때 저라면 그냥 마음 편하게 미국 엔비디아에 투자하겠습니다. 저는 사업구조가 쉽게 그려지지 않는 회사, 그 회사가 속한 산업이 쉽게 이해가 가지 않는 곳에는 투자하지 않습니다. 내 자산을 집어넣어야 하는데 내막을 잘 몰라 그림이 그려지지 않는다면 불안해서 어떻게 투자하겠습니까. 물론 이것은 제 기준입니다. 이 회사를 쉽게 이해해 다른 투자자들이 못 본 부분을 찾아낸 다른 누군가에게는 반대로 기회가 될 수 있습니다.

사실 저는 매출 규모가 작다는 것도 마음에 들지 않습니다. 매출 규모가 작으면 회사를 인수해 다른 사람에게 더 좋은 가격에 팔 수 있겠다는 확신이 들지 않기 때문입니다. '앞으로 부자 회사가 될 수 있을까?'라는 질문에 저는 잘 모르겠다는 판단을 내렸습니다.

모바일어플라이언스

모바일어플라이언스는 내비게이션을 시작으로 블랙박스, 헤드업디스플레이, 영상장치, ADAS를 만들어 BMW와 아우디 등에 제공하는 회사입니다. 자, 이들이 만드는 제품을 보자마자 어떤 느낌이 듭니까? 지금껏 저는 회사를 인수한다는 생각으로 해당 회사를 바라보라고 했습니다.

내비게이션을 만드는 회사를 인수하겠습니까? 블랙박스는 어떨까요? 전문 내비게이션 업체의 내비게이션은 초창기에 완성차 업체보다 품질이 월등하게 좋았지만 지금은 완성차 업체의 자회사에서 나오는 내비게이션이 훨씬 더 뛰어납니다. 블랙박스 역시 차를 구입하면 대개 팅크웨어 제품을 그냥 탑재해줍니다. 아니면 그보다 값싼 제품을 넣어줍니다. 그렇다면 내비게이션이나 블랙박스를 보고 이 회사를 인수하기는 어렵습니다.

그럼 ADAS는 어떨까요? 이 분야는 국내에서 만도가 선도주자이고 국내 완성차는 주로 만도 제품을 씁니다. 제가 몇 년 동안 독일 3사 차량과 국내 완성차 업체 고급 모델을 운행해본 결과 개인적으로 벤츠와 만도 제품을 쓰는 현대차의 ADAS 품질이 높았습니다. 이처럼 강력한 경쟁자가 있는 상태라 이 회사를 인수하면 고전을 면치 못하다가 점차 영업이익률이 줄어들면서 회사가 힘들어질 수도 있겠다는 생각이 드는 게 당연합니다.

법인 소유를 제외하고 개인이 갖고 있는 대주주 지분율도 20퍼센트에 불과합니다. 이는 제 투자 원칙에 들어맞지 않습니다. 저는 대주주 지분율이 최소 30~40퍼센트 혹은 가능한 한 40퍼센트 이상인 회사를 선호합니다.

물론 이것은 제가 개인적으로 외부 투자자 관점에서 적용하는 원칙입니다. 회사 관계자들은 다른 비전을 갖고 있을 수 있습니다. 그 관점이 제 생각과 완전히 다를지도 모릅니다. 그렇다고 제가 이 회사의 기술력이나 회사 자체를 폄하하려는 것은 아닙니다. 다만 투자자 관점에서 회사를 인수하려 할 때 고려해볼 부분을 설명하는 것뿐입니다.

다른 투자자들은 저와 다른 시각으로 볼 수도 있습니다. 이는 당연한 일입니다. 주식은 예체능 영역이기에 정답은 없으며 모두 자신의 투자 원칙을 따르면 됩니다.

저는 어떤 회사를 분석할 때 먼저 재무제표나 차트를 보지 않고 일단 투자하고자 하는 산업부터 찾습니다. 그다음 그 산업에 속하는 회사들의 사업보고서를 읽어보고 홈페이지와 인터넷에서 관련 정보를 검색해 이해를 넓힙니다. 이때 지금 돈을 버는 수익구조와 미래 전망이 노트에 쓱쓱 그림을 그리듯 쉽게 그려지는 회사들을 찾은 다음 그 안에서 다시 인수하고 싶은 회사를 찾아 투자합니다.

재무제표나 차트는 맨 마지막에 살펴봅니다. 처음에는 산업과 회사 개요 등이 눈에 쉽게 들어오고 머릿속에 쏙 담기는 회사를 고르는 일부터 합니다.

사실 제가 여기에 소개하지 않은 자율주행 관련주도 많습니다. 제 생각을 솔직히 표현하자면 나머지 회사에는 단돈 10만 원도 투자하고 싶은 마음이 들지 않습니다. 단 한 주도 사고 싶은 생각이 없습니다.

제 마음에 드는 회사는 엠씨넥스, 아이쓰리시스템 두 회사입니다. 만도도 좋지만 앞서 말한 대로 덩치가 크고 자율주행 사업보다 여전히 기존 사업 규모가 대단히 커서 자율주행뿐 아니라 기존 사업 성공 여부도 회사 주가에 중요한 영향을 미치는 상황입니다. 시간이 가면 아무래도 이 부분이 현대차의 자회사인 현대모비스에 점차 잠식당할 리스크가 있습니다. 결국 좋은 회사라는 것은 틀림없지만 제가 인수하고 싶은 마음은 들지 않습니다.

그렇다고 두 회사만 정답이라거나, 두 회사만 잘된다거나, 두 회사만 분명 성공할 거라는 얘기는 아닙니다. 주식이 어찌될지는 아무도 모릅니다.

만약 엠씨넥스와 아이쓰리시스템 두 회사를 인수하기로 했다면 그다음에는 무엇을 고민해야 할까요? 얼마를 인수가로 볼지, 향후 어느 정도 가격에 매물로 팔 수 있을지 고민해야 합니다.

4단계,
최적의 인수가 정하기

• • •

꼭 기억하십시오. 매수가가 아니라 분명 인수가입니다. 샀다 팔았다 하는 매수 개념이 아니라 회사를 통째로 인수한다는 개념으로 접근해야 합니다.

두 회사의 적정 인수가는 얼마일까요? 만약 현재의 시가총액이 인수가로 적정하면 현재 가격에서 매수하고, 비싸다고 생각하면 기다렸다가 매수하면 됩니다. 매도는 반대로 적정 매각가를 따져보면 나옵니다.

엠씨넥스 인수가 분석하기

2020년 2월 28일 현재 엠씨넥스의 시가총액은 6172억 원이고 전일 종가는 3만 5100원입니다.

이 회사의 2019년 예상 매출은 1조 2000억 원, 영업이익은 1000억 원 규모입니다. 순이익은 700억 원대고 부채를 제외한 순자본은 2000억 원 정도입니다. 그리고 영업현금흐름으로 유입되는 자금은 약 800억 원입니다.

앞으로 이 회사는 스마트폰 카메라의 성능 향상과 스마트폰마다 들어가는 카메라 수량 증가로 향후 2~3년은 고성장할 가능성이 큽니다. 여기에다 자동차에 들어가는 카메라도 증가하면서 2021년과 2022년에는 회사에 적지 않은 돈이 유입될 것으로 보입니다.

이 말은 현재 회사에 들어오는 영업현금흐름 800억~1000억 원 수준을 몇 년간 유지할 거라는 의미입니다. 만약 이 회사를 현재의 시가총액 약 6200억 원에 인수한다면 회사에 들어오는 영업현금흐름으로 6~7년이면 인수가를 충분히 뽑을 수 있습니다. 여기에다 이 회사를 수년 뒤 최소 1조~1조 5000억 원에 외부에 팔 수 있겠다는 생각이 듭니다.

만약 현재 시가총액이 1조~1조 5000억 원으로 움직이고 있다면 저는 인수를 고민해볼 것입니다. 몇 년 후 영업이익을 1500억 원 이상 올려도 IT 업계의 경쟁이 워낙 치열하고 이 회사가 카메라 업계를

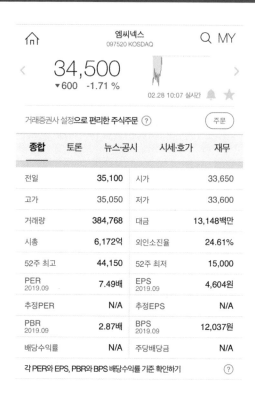

▶ 엠씨넥스의 현재가와 시가총액

종합	토론	뉴스·공시	시세·호가	재무

전일	35,100	시가	33,650
고가	35,050	저가	33,600
거래량	384,768	대금	13,148백만
시총	6,172억	외인소진율	24.61%
52주 최고	44,150	52주 최저	15,000
PER 2019.09	7.49배	EPS 2019.09	4,604원
추정PER	N/A	추정EPS	N/A
PBR 2019.09	2.87배	BPS 2019.09	12,037원
배당수익률	N/A	주당배당금	N/A

각 PER와 EPS, PBR와 BPS 배당수익률 기준 확인하기 ⑦

독점하는 것은 아니라서 단가 인하 압박을 받아 몇 년 화려하게 불탄 뒤 그 불이 꺼질 수도 있기 때문입니다. 1조 3000억 원일 때 인수할 경우 고작 3000억~4000억 원을 더 받고 외부에 팔 수준이 되어버려 리스크가 커집니다.

여기서 적정한 인수가를 PER로 볼지, 현금흐름 대비 몇 배로 볼지는 개인의 역량에 달려 있습니다. 여기에 정해진 답은 없습니다.

파는 가격도 마찬가지입니다. 얼마 전 배달의민족이 독일 업체에 지분 87퍼센트를 4조 7000억 원에 매각할 때 시장은 물론 저도 깜짝 놀랐습니다. 생각보다 인수가가 컸기 때문입니다. 당시 다음카카오가 김기사를 600억 원대에 인수할 때도 해외 기업에 팔렸거나 해외 업체가 샀다면 1조는 받았을 것이라는 말이 있었지요.

이처럼 인수하는 사람이 누구고 그가 어떤 생각을 하느냐에 따라 매각가는 고무줄처럼 늘어납니다. 정답이 없는 것입니다. 누군가는 엠씨넥스를 2조 원이나 3조 원에 팔 수 있겠다고 생각할지도 모릅니다.

저는 다만 예시를 든 것일 뿐 제가 말한 인수가나 매각가가 정답은 아닙니다. 단지 예시로만 활용하십시오. 얼마에 팔릴지, 얼마까지 오를지는 누구도 지금 시점에서 정확히 볼 수 없습니다. 그 누구도 말입니다.

아이쓰리시스템 인수가 분석하기

2020년 2월 28일 현재 아이쓰리시스템의 시가총액은 1293억 원이고 전일 종가는 1만 8650원입니다.

이 회사는 과거 공모청약 당시 2조 7000억 원의 자금이 몰렸고 경쟁률이 무려 150 대 1에 달했습니다. 이는 당시 이 회사의 기술력과

▶ 아이쓰리시스템의 현재가와 시가총액

아이쓰리시스템
214430 KOSDAQ

18,200
▼450 -2.41 %
02.28 10:07 실시간

거래증권사 설정으로 편리한 주식주문 ?   주문

종합   토론   뉴스·공시   시세·호가   재무

전일	18,650	시가	18,150
고가	18,500	저가	17,600
거래량	59,238	대금	1,066백만
시총	1,293억	외인소진율	2.97%
52주 최고	24,550	52주 최저	15,800
PER 2019.09	27.49배	EPS 2019.09	662원
추정PER	N/A	추정EPS	N/A
PBR 2019.09	1.82배	BPS 2019.09	10,023원
배당수익률	N/A	주당배당금	N/A

각 PER와 EPS, PBR와 BPS 배당수익률 기준 확인하기 ?

독점적인 시장지배력이 얼마나 높은 평가를 받았는지 보여줍니다.

그런 회사가 방위 산업 매출을 바탕에 깔고 여기에 2020~2021년
부터 차량과 다른 업종에 적외선 카메라, 센서를 판매하기 시작하는
패러다임 변화를 눈앞에 두고 있습니다. 이러한 회사는 재무제표를
쪼개기보다 산업 트렌드에 중점을 두면서 시가총액의 절대 숫자를

244

살펴보는 것이 중요합니다.

시가총액 자체의 절대 숫자를 보는 것은 대기업이나 인수합병으로 빠르게 기술을 확보하길 원하는 해외 기업이 이 회사를 인수하려 할 때 보는 시각입니다. 기술을 필요로 하는 해외 기업이 이 회사를 인수하고자 할 때 '싸다고 생각하는 시가총액'이 얼마일지 생각해보는 것이지요. 구체적으로 말해 대기업 총수나 사모펀드 대표 입장에서 현시점의 시가총액 약 1300억 원이 적정한지 보는 것입니다.

이해를 돕기 위해 통신장비 회사 오이솔루션의 2018년 하반기 상황을 살펴보겠습니다. 이 회사는 기술력은 있었으나 시장이 열리지 않아 고만고만한 매출을 올리며 흑자와 적자를 오가고 있었습니다. 그러다가 5G 시장이 열리고 주요 고객사인 삼성 네트워크 사업부의 글로벌 시장 점유율이 3퍼센트 수준에서 20퍼센트로 올라서면서 매출과 이익이 급증했지요. 동시에 주가가 고공 행진했는데 당시 오이솔루션의 시가총액은 600억~700억 원 수준이었습니다.

그러다가 5G라는 새로운 패러다임을 맞이하면서 놀라운 성장을 이룬 것입니다. 9000원에 머물던 주가는 1년도 되지 않아 7만 원에 도달했습니다. 그때 오이솔루션의 재무제표를 보면 9000원대에도 도무지 손이 가지 않을 만한 상황이었습니다. 그러나 사업보고서를 읽고 산업을 이해했다면, 미중 무역전쟁으로 화웨이가 공격당하는 모습을 보며 상대적으로 삼성이 수혜를 보는 상황을 읽었다면, 고객사의 글로벌 점유율 상승이 오이솔루션에 큰 기회 요인이 되리라는 것을 알아챘을 겁니다.

아이쓰리시스템도 비슷한 상황으로 볼 수 있습니다. 방위 산업에 속하는 이 회사는 자동차로 들어가는 매출이 새로 생기면서 자동차 전장 회사가 되어가는 패러다임 변화의 초입 구간에 있습니다. 그러므로 주식의 가치평가를 재무제표와 투자지표인 PER, PBR만으로 보는 게 아니라 현재의 시가총액 약 1300억 원이 인수가로 적정한지 생각해봐야 합니다. 또한 언젠가 이 회사를 글로벌 기업에 매각했을 때 얼마를 받을 수 있을까를 따져봐야 합니다.

저는 만약 1300억 원에 인수한다면 수년 안에 인수가보다 몇 배 높은 가격에 팔 수 있을지 생각해봅니다. 그것이 바로 훗날의 목표가입니다. 물론 매각가는 정확히 판단하기 어렵고 확신이 불가능한 영역이라고 생각합니다. 실제로 국내 업체가 인수할 때와 해외 업체가 인수할 때는 가격이 10배까지 차이가 날 수 있습니다. 600억 원대에 팔린 김기사는 상대가 해외 업체였다면 1조 원을 받았을 거라는 말도 있었고, 반대로 배달의민족이 독일이 아닌 국내 업체에 팔렸다면 1조 원 이상 받기 어려웠을 것이라는 견해도 많았습니다. 이처럼 전문 투자 집단 사이에서도 인수자가 어떤 사람이고 무엇에 가치를 두는가에 따라 회사의 매각가는 천차만별로 달라집니다.

하물며 주식시장에서 벌어지는 가격은 오죽하겠습니까. 투자의 귀재로 불리는 워런 버핏도 하인즈를 인수할 당시 싸다고 생각했으나 시간이 흐른 뒤 실패한 투자로 밝혀졌습니다. 여하튼 주식시장은 주식을 사고파는 트레이딩 관점이 아니라 회사를 사고파는 인수와 매각 개념으로 접근해야 합니다. 그러면 차트나 재무제표에 크게 얽매이지 않고 큰 줄기를 볼 수 있습니다.

저는 앞의 두 회사를 현재 시점에 인수하면 훗날 지금보다 최소 100퍼센트 이상 높은 가격으로 매각할 수 있으리라고 봅니다. 그것이 100퍼센트가 될지 인수가 대비 3~4배 가격이 될지는 산업의 크기와 해당 회사의 준비도에 따라 유동적입니다. 목표가 역시 유동적으로 바뀝니다.

5단계,
여유롭게 기다리기

◆ ◆ ◆

이제 우리 일은 끝났습니다. 지금부
터는 생업에 종사하거나 다른 일을 하며 기다리면 됩니다. 가끔 회사
가 속한 산업이 제대로 성장하고 있는지와 해당 회사를 확인하면서
산업 성장과 함께 회사도 성장하기를 응원하며 기다리면 그만입니
다. 이때 기다리는 시간은 보통 3년 내외입니다.

투자기간에 생각보다 빠르게 성과가 나올 때도 있고 더딜 때도 있
습니다. 그 이유는 산업의 성장 속도와 크기 그리고 그 안에서 회사의
영업력, 기술 개발 진척도 등이 유동적이기 때문입니다.

작은 구멍가게를 하나 인수해도 그 가게가 자리를 잡는 데는 최소

1~2년이 걸립니다. 회사는 오죽하겠습니까. 이런 생각을 하면 마음이 좀 더 여유로워질 것입니다.

　이미 말했듯 주식시장에서는 무언가를 빠르게 해보겠다고 움직이는 사람보다 천천히 가는 사람의 자산이 더 빠르게 증식합니다. 토끼처럼 잔걸음으로 촐랑거리지 말고 소처럼 더디더라도 큰 걸음으로 움직여야 합니다.

제7장

부자의 길은
가까이에 있다

: 선물주는산타의 마지막 당부

"

사람을 이해해야 산업도,
회사도 이해할 수 있다.
결국은 사업도 투자도 사람이 하는 일이다.

"

부의 기회는 강남과 삼성을 넘어 미국에 있다

미국에서 1등은 전 세계에서 1등

미국이란 나라에서 성공한다는 것은 큰 의미가 있는 일입니다. 미국에서 1등은 전 세계 1등이나 마찬가지니까요. 일단 미국 시장에서 성공해 자리를 잡을 경우 자체 내수 시장이 커서 1차로 주가가 큰 폭으로 상승합니다. 이때의 성장세와 유명세, 자금력을 앞세우면 자연스럽게 경쟁사 대비 앞서갈 힘을 보유하고 글로벌 시장에 진출할 수 있습니다.

만약 글로벌 시장 점유율이 상승할 경우 높은 매출 성장률을 기록

78.29 USD −2.38 (2.95%) ↓
폐장: 2월 27일 오후 7:45 GMT-5 · 면책조항
폐장 후 77.61 −0.68 (0.87%)

| 1일 | 5일 | 1개월 | 6개월 | YTD | 1년 | 5년 | 최대 |

78.29 USD 2020년 2월 27일

시가	78.83	배당수익률	2.09%
최고	80.87	전일 종가	80.67
최저	77.36	52-주 최고	99.72
시가총액	918.89억	52-주 최저	69.03
주가수익률	25.57		

하는데 이것은 그대로 주가에 반영됩니다. 이에 따라 미국에서 1등 할 회사를 미리 찾아내고 나중에 그 회사가 글로벌 시장에서도 1등을 차지하면 투자자가 주가 상승으로 얻는 자본 이득은 상상을 초월합니다. 설령 초기에 찾아내지 못하더라도 국내에서 보기 어려운 주가 상승을 경험하지요.

생태계 자체가 이렇기 때문에 미국의 다우존스와 나스닥 지수가 좋을 수밖에 없는 것입니다. 특히 미국 기업 중에는 배당을 분기마다 주는 곳이 많아서 주가 상승 후의 하방경직성도 좋습니다.

시가	371.46	배당수익률	-
최고	391.56	전일 종가	379.24
최저	370.60	52-주 최고	392.95
시가총액	1631.09억	52-주 최저	252.28
주가수익률	96.54		

지난 10년 동안 꾸준히 사랑받아온 글로벌 카페 브랜드 스타벅스의 주가는 9배 상승했고 넷플릭스는 무려 47배나 상승했습니다. 사실 미국 주식시장은 이런 회사로 가득합니다.

특히 다음 표는 미국에 투자하는 것이 국내에 투자하는 것보다 얼마나 현명한 일인지 잘 보여줍니다. 단순 비교를 했을 때 같은 기간 동안 미국 인덱스에 1억 원을 투자한 사람은 투자 원금이 4억 원이되지만 한국에 투자한 사람은 2억 원이 됩니다. 이 차이는 앞으로 상승할 때 더 많이 벌어지고 반대로 하락해도 미국의 하락폭보다 국내

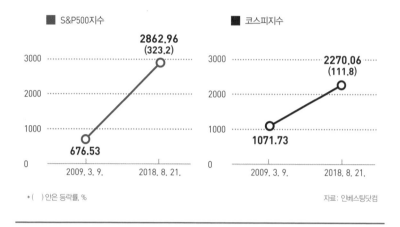

■ S&P500지수

2862.96
(323.2)

3000

2000

1000

0

2009. 3. 9.   2018. 8. 21.

676.53

■ 코스피지수

3000

2000

1000

0

2009. 3. 9.   2018. 8. 21.

2270.06
(111.8)

1071.73

*( )안은 등락률, %

자료: 인베스팅닷컴

하락폭이 더 클 것입니다. 장기적으로 보면 국내보다 미국에 투자할 경우 부자가 될 가능성이 더 크다는 의미입니다.

불안정한 국내 주식시장의 대안으로 떠오른 미국

지난 20년 동안 미국 다우존스지수와 나스닥지수가 어느 정도 상승했는지 월봉 차트를 한번 확인해보십시오. 더구나 미국 회사들은 분기마다 배당을 실시하는데 일단 배당을 결의하면 대개 1개월 내에 달러를 넣어줍니다. 한국은 보통 12월에 결산하고 배당을 결의한 뒤

4~5월에 돈을 입금해줍니다. 미국에서 배당을 잘 주는 회사는 1년에 네 번 지급하며 주가상승률도 국내보다 월등하게 좋습니다.

그뿐 아니라 미국과의 시차 때문에 낮 동안 장이 열리지 않아 시세표를 자주 들여다보는 일이 없어서 한결 여유로운 일상생활을 할 수 있습니다.

미국 주식에 주목해야 하는 또 다른 이유는 2021년부터 대한민국의 양도소득세에서 대주주 기준이 강화되기 때문입니다.

과거에는 양도소득세 대상이 종목당 20억 원(코스닥), 25억 원(코스피)이었는데 이것이 2018년 4월 이후 15억 원으로 줄었고 2020년 4월부터는 10억 원으로 더 줄어듭니다. 그리고 2021년 4월부터는 종목당 3억 원으로 크게 줄어들 예정입니다. 배우자와 직계존비속을 포함해 한 종목에 3억 원 이상 투자하면 양도소득세 대상인 대주주가 되는 것이지요. 그리고 그 세금이 상당히 높습니다. 1년 미만 보유 시에는 수익의 33퍼센트를 세금으로 냅니다. 과세표준 3억 원 초과분은 27.5퍼센트, 3억 원 이하도 22퍼센트의 세금을 내야 합니다.

앞으로 주식에서 얻은 이익에 세금을 부과하는 대신 거래세를 없애는 방향으로 갈 전망입니다. 개인적으로 저는 이것을 좋은 정책으로 여기지 않습니다. 상당수 국내 개인투자자들이 미국에 투자하지 않은 데는 해외 양도세 부담도 영향을 주었으니까요.

주식으로 양도소득세를 내는 것에 익숙하지 않은 국내 투자자들은 미국 주식에 투자해서 돈을 벌면 22퍼센트의 세금을 내야 하는 것을 아까워했습니다. 즉, 그동안 투자자들이 미국에 투자하지 않은 것은 증권사 시스템이 열악하기도 했지만 무엇보다 양도세 부담이 가장 큰 영향을 주었습니다.

앞으로 국내 세금이 높아지면 가뜩이나 수익을 내기가 어려운 한국 증시에 계속 투자할 이유가 사라집니다. 최근 증권사들이 국내 주식 거래수수료를 무료로 하면서 비대면 계좌를 늘리고 있는 것도 국내 투자 거래대금이 줄고 해외 증시에 투자하는 고객이 늘고 있어서입니다. '국내 주식 수수료 무료'라는 당근을 제시하며 고객을 유치하는 셈입니다. 증권사는 이들 고객 중 상당수가 결국 미국 주식을 살 것이라고 생각하는데 실제로 그럴 확률이 높습니다. 그러니 국내 서비스로 수익을 올리지 못하는 것을 감수할 만하지요.

한국은 중국, 일본, 미국과의 관계가 복잡하고 외국 시장의 영향력도 큽니다. 한마디로 시장의 불안 요소가 많지요. 사드 사태, 일본 수출규제, 미중 무역전쟁 등이 터질 때마다 경제와 증시가 주변 국가와의 관계에서 자유롭지 못합니다. 과거에는 미국 증시가 오르면 그다음 날 국내 증시도 커플링(특정 국가의 경제 상황이 다른 나라와 비슷한 양상을 보이는 것) 현상을 보이며 상승했으나 이제는 그런 모습도 점차 사라지고 있습니다. 오히려 미국이 올라도 디커플링 현상을 보이며 하락하는 날이 많아진 이유도 지정학적 리스크 요인의 영향을 받기 때문입니다.

여기에다 국내 시장은 증시 불확실성이 높고 재벌과 대기업을 적폐로 보는 반기업 정서까지 있어서 사업하기가 힘든 곳입니다. 정부가 기업 성장에 초점을 두기보다 규제와 관리 감독에 치중하고 있어서 더욱 그렇지요. 또한 내수 시장 자체가 미국이나 중국, 일본에 비해 아주 작은데 안타깝게도 앞으로 내수 시장이 점차 줄어들고 중국과 일본의 추격이나 견제로 국내 기업들의 영업 환경은 더 어려워질 전망입니다.

반면 미국 시장은 미국 내 1등 회사는 대체로 글로벌 시장에서도 1등을 하는 구조로 흘러가는 까닭에 회사들이 대단히 높은 성장률을 보일 가능성이 큽니다. 여기에다 미국은 금융자산 비중이 높고 정치권에서 시장에 깊은 관심을 보이며 기술 경쟁력이 뛰어납니다. 그뿐 아니라 세계 곳곳의 인재들이 몰려들어 인력 풀도 좋습니다.

특히 완벽한 자본주의를 표방하기 때문에 기업을 바라보는 정치, 경제, 사회의 시각도 긍정적입니다. 이러한 상황은 기업에 이로운 환경을 제공하고 이는 곧 주가 상승으로 연결됩니다.

한국의 큰손들이 미국 시장에 몰린다

다음 표는 미국 증시와 한국 증시에 투자해온 사람들의 주머니 사정이 어떠할지 적나라하게 보여줍니다. 2019년 12월 기준으로 애플 한 회사의 시가총액이 한국 전체 상장 주식의 시가총액보다 큽니다. 아

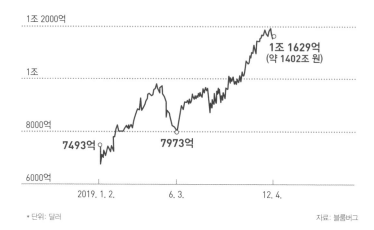

▶ 애플과 코스피 시가총액 추이

■ 애플 시가총액

1조 2000억

1조 1629억
(약 1402조 원)

1조

8000억

7493억   7973억

6000억

2019. 1. 2.   6. 3.   12. 4.

* 단위: 달러   자료: 블룸버그

■ 코스피 시가총액

1500조

1489조

1420조

1383조

1398조

1340조

1273조

1260조

2018. 12. 6.   2019. 4. 16.   8. 7.   12. 6.

* 단위: 원   자료: 한국거래소

쉽지만 이 지표는 미국과 다른 국가, 특히 지금 한국에 투자하는 우리의 현실을 제대로 보여주고 있습니다.

미국 시장은 세계 주식의 기준이나 마찬가지입니다. 미국 시장이 무너지면 한국 시장을 포함해 신흥국과 전 세계 증시가 동반 하락합니다. 이 관점에서 개별 투자 분석이 어려운 개인투자자는 미국 인덱스 투자에 도전해보는 것도 현명한 선택일 수 있습니다. 물론 이것은 투자자의 수준이나 환경을 고려해서 선택해야 합니다.

인덱스는 우리가 잘 아는 다우존스, 나스닥, 코스피, 코스닥 등의 지수에 투자하는 것으로 시장이 오르면 수익이 나고 시장이 내려가면 마이너스가 나는 것으로 이해하면 됩니다. 자산 흐름은 시장 흐름과 일치합니다. 그래서 종목별 시세표를 볼 필요 없이 다우존스와 나스닥 지수만 보아도 괜찮습니다.

물론 종목 선정을 잘하면 시장을 앞설 수 있지만 이게 말처럼 쉽지는 않습니다. 종목 선정을 잘했어도 해당 산업에 악재가 나오거나 업황이 둔화될 경우 해당 회사와 그 섹터에 속하는 회사들의 주가는 하락할 수밖에 없습니다. 설사 시장이 좋더라도 말이죠.

저는 앞으로 3~4년 동안 국내 투자를 더 이어간 뒤 미국 회사에 투자할 계획입니다. 국내의 반기업 정서, 부자를 향한 편견, 줄어드는 내수 시장 그리고 일본·중국 기업의 추격과 견제로 국내 기업의 영업 환경이 더 어려워질 것으로 보기 때문입니다.

미래를 준비하고 싶다면 미리 조금씩 공부를 해두길 권합니다. 요즘은 구글 번역기가 발달해 영어를 잘하지 못해도 해외 기사를 읽거나 정보를 얻는 데 큰 무리가 없으니 걱정하지 않아도 됩니다. 앞으로 저는 블로그에 좋은 해외 자료나 생생한 미국 현지 정보를 그림, 사진과 함께 실시간으로 올릴 예정입니다.

제 생각에는 과거 강남 부동산에 투자한 사람, 국내 증시에서 삼성 전자를 산 사람 중에 큰 부자가 된 사람이 많았듯 이제 미국 주식으로 부자가 되는 사람이 늘어날 거라고 봅니다.

02

'지금 당장' 시작하면
당신은 부의 길에 들어선다

일단 해보라

한때 신드롬까지 불러일으켰던 중국 최대의 거부 마윈은 이런 말을
했습니다.

> "의외로 많은 사람이 성공을 원하지만 그러면서 정작 아무
> 일도 하지 않는다. 아무 일도 하지 않으니 아무 일도 일어나
> 지 않는 것이다."

재산이 46조 원에 이르는 것으로 알려진 마윈이 중국 최대의 부자가 된 비결은 무엇일까요? 이는 보는 사람의 시각에 따라 다를 수 있지만 제가 생각하는 가장 큰 이유는 실행력입니다.

예를 들어 마윈은 영어 실력을 키우기 위해 자신이 사는 곳에서 자전거를 타고 한 시간 넘게 걸리는 광저우로 가서 외국인의 가이드 역할을 하며 실력을 갈고닦았습니다. 자신이 원하는 목표를 달성하고자 외국인이 많은 곳으로 직접 가서 배우기를 마다하지 않은 것입니다. 다시 말해 그는 책상에 앉아 책으로 영어를 공부하며 어떻게 하면 영어를 잘할 수 있을지 고민한 게 아닙니다. 어디까지나 몸으로 부딪혀가며 외국인을 직접 만나 영어 실력을 키운 것이지요.

회사를 창업할 때도 대다수가 반대하는 상황을 이겨내고 스스로 확신과 의지를 다지며 실행에 옮겼습니다. 그렇다고 마윈에게 뛰어난 사업계획서가 있었던 것도 아닙니다. 그는 근사한 계획을 세우려 애쓰기보다 현장에 뛰어들어 직접 부딪히며 하나하나 터득했습니다. 어학 역시 처음부터 좋은 환경에서 자라며 영어에 노출된 것이 아니라 스스로 영어에 노출되는 환경을 만들고자 노력한 것입니다.

고 정주영 회장도 평소에 이런 말을 자주 했다고 합니다.

"못해서 안 하는 게 아니라, 안 하니까 못하는 것이다."

어떤 일을 추진할 때 의외로 많은 사람이 안 되는 이유를 찾으며 선뜻 실행에 옮기지 못합니다. 고 정주영 회장의 말을 곰곰이 생각해보기 바랍니다. 저 역시 지금까지 살아오면서 어떤 새로운 일을 시작하려 하거나 걸림돌이 생겼을 때 항상 이 말을 떠올리며 스스로를 채근해왔습니다. 못해서 안 하는 게 아니라 안 하니까 못하는 것이고, 실행에 옮기지 않아 어떤 일도 일어나지 않는 것이라고 말입니다.

누군가가 제게 성공에 가장 필요한 요소가 무엇이냐고 묻는다면 저는 망설임 없이 이렇게 말할 겁니다.

"첫째도 실행력, 둘째도 실행력, 셋째도 실행력이다!"

충분한 지식과 다양한 경험을 축적하고 있으면 성공 확률을 높일 수 있겠지만 아무리 훌륭한 아이디어와 경험이 있어도 실행에 옮기지 않으면 아무 일도 일어나지 않습니다.

03

성공한 사람들의
삶의 자세를 배워라

정당한 노력으로 부자가 된 사람을 존경하라

재밌게도 많은 사람이 부자가 되기를 바라고 경제적으로 자유로워지기를 원하면서도 정작 자신이 그 위치에 있지 않으면 부자를 좋지 않은 눈으로 바라봅니다. 실제로 부자에게 선입견을 갖고 있거나 재벌 그룹, 재벌 총수를 부정적으로 여기는 사람이 많습니다.

곰곰 생각해보면 이런 자세는 너무 이율배반적입니다. 자신은 부자가 되기를 원하고 큰 부를 바라면서 먼저 부자가 된 사람을 시기하며 부정적인 시선으로 바라보는 것이니 말입니다. 가난한 사람은 착하고 부자는 나쁘며, 가난한 사람은 사회가 공정하지 못해 그런 것이고 부자는 부정을 저질러 그 자리에 오른 것이라고 말하는 것은 정치 진영 논리에서나 찾아볼 법한 얘기입니다.

일반적으로 그런 생각을 하는 사람은 일단 부자가 되기는 어렵다고 보는 것이 맞습니다. 부자를 부정하고 시기하며 나쁜 존재로 보는데 어떻게 본인이 부자가 될 수 있겠습니까.

저는 어렸을 때부터 부자로 사는 사람들을 존경해왔습니다. 존경하는 것과 부러워하는 것은 차원이 다릅니다. 더러 부를 일구며 부정한 짓을 저지르는 사람도 있지만 일부만 보고 일반화하는 것은 바람직하지 않습니다. 저는 세상이 이렇게나마 굴러가는 것은 열심히 노력해 인류에게 무언가를 제공한 대가로 돈을 버는 사람이 많기 때문이라고 믿습니다.

세상에 공짜는 없습니다. 부모에게 물려받은 사람을 제외하고 스스로 노력해 돈을 많이 번 사람들은 대체로 남보다 더 피땀을 흘립니다. 저는 부자들의 돈을 막연히 부러워한 것이 아니라 그들이 부를 쌓기까지 겪었을 어려움과 고난을 먼저 되짚어보았습니다. 그 과정에서 자기 확신을 지키고 갈림길에서 어떤 결정을 내려야 할지 고심하느라 얼마나 많은 고뇌를 했겠습니까.

저는 그 시간을 존경합니다. 그들은 가시밭길을 마다하지 않고 꾸준히 전진한 덕에 부자가 된 것입니다.

내 행동은 돌고 돌아 내게로 온다

주식투자뿐 아니라 우리가 일상에서 기억하고 실천에 옮겨야 하는 것은 바로 '다른 사람이 잘되기를 바라는 마음', '내 말 한마디와 선행으로 다른 이가 즐겁고 행복하길 바라는 자세'입니다. 내 재산을 늘리거나 나만의 행복과 즐거움을 얻기 위해서가 아니라 다른 사람의 행복과 즐거움을 보면서 나도 즐거워할 수 있을 때 나와 가족, 주변 사람도 잘됩니다.

　다른 사람이 즐겁고 행복해하는 모습을 보는 것만으로도 얼마든지 자신의 삶까지 행복하고 즐거워질 수 있습니다. 다만 내가 마음을 열지 않아 그 기쁨을 느끼지 못하는 것뿐입니다. 내 가족, 내 아이가 밝게 웃을 때 행복하지 않습니까? 바로 그런 마음으로 남을 바라보면 됩니다. 이런 행복은 투자로 얻는 이익이 안겨주는 기쁨으로도 채울 수 없는 것입니다.

　우리는 투자에 관심이 많으니 주식투자로 이야기를 해봅시다. 일단 투자하는 동안 다른 주주도 잘되기를 바라는 마음을 지녀야 합니다. 그리고 내가 투자하는 회사가 성공해 더 큰 회사로 거듭나고 임직원과 그 가족, 나아가 고객사에도 좋은 일이 생기기를 바라는 마음으로 임하기 바랍니다.

　차트를 보고 오르겠다 싶어서 들어왔다가 쏙 빼먹고 가는 자세는 지양했으면 합니다. 해당 회사와 함께 성장하겠다는 자세를 지녀야 좋은 투자를 할 수 있습니다. 여기에다 해당 회사가 진정 성공하고 그 회사 고객도 제품과 서비스를 행복하게 이용하기를 바라는 마음이라야 좋은 성과를 올려 결국 본인에게도 이익이 돌아오는 것입니다.

온라인 증권 토론방에서도 자신이 매도했다고 악플을 달거나 흉흉한 글을 써가며 자신이 판 가격보다 오르지 않고 빠지기를 바라는 마음은 버려야 합니다. 오히려 남은 사람들이 자신이 판 가격보다 더 높은 가격에 매도해 많은 수익을 올리기를 바라야 합니다.

못된 마음과 행동은 돌고 돌아 다시 자신에게로 돌아옵니다. 주식으로 부자가 되는 것은 종목을 잘 찍거나 얄팍한 차트 기술 혹은 누구나 아는 회계 지식으로 가능한 것이 아닙니다. 그것은 좋은 마음, 좋은 삶의 태도에서 시작됩니다.

이것은 제가 일정 자산을 일군 뒤 저 자신과 주위의 부자를 돌아보고 발견한 공통된 모습입니다. 큰 부자가 된 사람들은 하나같이 제가 기분 좋게 고개를 끄덕일 만한 삶의 자세를 보여주었습니다.

좋은 마음가짐으로 투자하면 부는 따라온다

부자가 된 사람, 삶에서 원하는 것을 이룬 사람들을 잘 살펴보십시오. 유심히 보면 분명 삶을 대하는 그들의 자세와 가치관이 그 사람을 만들었음을 알게 될 겁니다. 부자는 모두 부정하게 돈을 번 사람들이고 가난한 사람은 모두 착하다는 프레임은 동화 속에나 나올 법한 이야기입니다.

부를 축적한 사람은 인성이든 비즈니스 감각이든 무언가 일반인보다 뛰어난 영역을 갈고닦았기에 부자가 된 것입니다. 그들은 남이 나쁜 상황에 놓이길 바라거나 증권 토론방 혹은 주식 카페에 이상한 글을 올리며 다른 사람들이 불행해지길 바라지 않습니다. 온라인상에 댓글을 달 시간에 여가를 즐기거나 더 배우지요.

시간은 누구에게나 하루 24시간밖에 주어지지 않습니다. 그리고 그 시간은 곧 우리의 목숨입니다. 목숨을 그런 일에 낭비하는 것은 너무 아까운 일이 아닌가요? 어쩌면 시간을 그렇게 낭비하는 탓에 삶의 질이 더 나아지지 않는 것인지도 모릅니다. 더구나 남이 잘되는 것을 보면서 배 아파하고 속상해하는 사람은 자신의 삶을 피폐하게 만들고 맙니다.

경주 최부잣집의 옛 곳간 앞에 가보면 그들이 후손에게 대대로 전해주며 가르치던 육훈六訓이 있습니다. 그 내용을 보면 부자가 3대를 가기 어렵다는데도 불구하고 그들이 일제강점기 때는 독립 자금을, 광복 후에는 교육 사업에 전 재산을 내놓을 때까지 12대나 부를 이어온 이유를 알 수 있습니다. 부를 대하는 그들의 자세를 보면서 한 번쯤 자기 자신을 깊이 돌아보기 바랍니다.

삶의 변화는 내가 바뀌면서 시작됩니다. 결코 투자 지식이 삶을 바꿔주는 것이 아닙니다. 저도 투자 지식이 제 삶을 바꿔줄 줄 알고 많은 시간과 엄청난 비용을 지불했지만 절대 그렇지 않았습니다.

좋은 사람을 만나고 싶으면 내가 먼저 좋은 사람이 되어야
합니다.

사람을 이해해야 산업과 회사도 이해할 수 있습니다. 나와 잘 어울리지 않는 사람과는 거리감이 느껴지는 것처럼 투자할 때는 나와 어울리는 회사, 내가 좋게 보는 사람들이 모인 곳을 선택하게 마련입니다. 나와 성향이 비슷한 좋은 산업, 좋은 회사에 투자하는 행동은 결국 나와 내 가족 그리고 자산이 좋은 쪽으로 흘러가게 만듭니다.

내가 먼저 좋은 사람이 되어 좋은 마음가짐으로 좋은 투자를 이어가면 분명 삶의 질도 좋아질 것입니다. 그러면 내 자산도 커지고 인상까지 좋아집니다.

그냥 하는 말이 아니다,
진짜 포기하지 마라

단언컨대 제가 현재의 부를 축적한 것은 종목을 잘 선정해서도, 주식을 보는 안목이 높아서도 아닙니다. 그것은 삶을 대하는 제 태도에 따른 결과물입니다. 주식투자와 사업을 하면서 저는 다른 사람들과 마찬가지로 힘든 시기를 많이 겪었습니다. 그때마다 저는 이렇게 외쳤지요.

"포기하지 말자! 절대 포기하지 말자! 난 포기하지 않는다!"

무슨 일을 하든 힘든 시기는 누구에게나 찾아옵니다. 인생이 고속

도로처럼 뚫려 있는 사람은 없습니다. 겉모습이 어떻든 인생은 사이클처럼 오르락내리락하지 결코 직선 코스가 아닙니다. 저는 주변 사람 때문에 곤란을 겪기도 했고 투자한 회사가 일이 뜻대로 풀리지 않아 어려움을 겪기도 했습니다. 제 사업이 걸림돌을 만나 애를 먹기도 했고요.

오랜 연륜이 없어도 세상일이 마음먹은 대로 풀리지 않는다는 것쯤은 다들 알고 있을 겁니다. 스텝이 꼬일 때 중요한 것은 삶을 대하는 자신의 스탠스입니다. 저는 스탠스가 그 사람의 인생을 결정할 정도로 상당히 중요하다고 여깁니다. 혹시라도 지금 힘든 시기를 겪고 있다면 이 말을 꼭 해주고 싶습니다.

"인생은 상황이 아니라 마음이 결정하는 대로 갑니다!"

내가 포기하는 순간 삶은 그대로 끝나고 맙니다. 내가 포기하지 않고 목표를 세워 전진하면 삶이 나아지면서 원하는 것을 가질 수 있습니다. 적어도 과거와 현재보다는 나아집니다. 어쩌면 지금껏 살아오면서 이런 말을 숱하게 들어왔을지도 모릅니다. 그렇다면 믿고 실행해보십시오.

이때 자신과 비슷한 환경에 있는 사람들의 조언은 크게 귀담아듣지 않는 것이 좋습니다. 그들의 지식, 경험, 삶의 자세는 굳이 조언을 듣지 않아도 이미 자신과 비슷할 가능성이 높기 때문입니다. 사실상 그들의 조언은 별다른 도움이 되지 않습니다.

조언을 원한다면 해당 분야에서 이미 성공한 사람들에게 들으십시오. 내게 필요한 것은 나보다 앞서 어려움을 헤치고 내가 원하는 길을 걸어가 성공한 사람들의 조언과 경험입니다.

다행히 우리는 책과 인터넷으로 많은 것을 배울 수 있습니다. 저 역시 그런 도구로 많은 도움을 받았습니다. 삶이 지금보다 더 나아지길 원한다면 이미 나보다 앞서가고 있는 사람, 성공한 사람의 지혜와 경험에 귀를 기울여야 합니다.

확언하건대 삶의 자세가 우리를 성공으로 이끕니다. 이 분명한 사실을 꼭 기억하기 바랍니다. 인생은 자신이 취하는 삶의 스탠스로 흘러간다는 것을 일찍 깨달을수록 원하는 목표에 보다 빨리 다다를 수 있습니다.

다시 한 번 강조하지만 우리보다 앞서 성공한 사람들은 하나같이 이렇게 말합니다.

"나보다 앞서가는 사람, 나보다 더 나은 삶을 살아가는 사람들의 이야기에 귀를 기울이세요. 자신과 비슷한 처지에 있는 사람의 말을 귀담아듣고 삶의 중요한 의사결정을 하면 안 됩니다!"

왜 성공한 사람들은 모두 비슷한 말을 할까요? 직접 경험해봤으니까요. 해보지도 않고 입만 살아서 잘난 척하는 사람, 자신의 처지도 별로 나을 것 없으면서 장황하게 떠벌리는 사람, 세상을 싸잡아 부정적으로만 보는 사람의 얘기는 그저 뜬구름 잡는 식입니다.

하나 더 말하자면 성공한 사람들은 이 말도 강조합니다.

"현재가 어렵다고 앞으로도 어려울 것이라고 단정하고 포기하지 마십시오. 꿈과 목표를 지니고 꾸준히 나아가십시오."

저도 한때는 성공한 사람들의 조언을 그 자신을 더 돋보이도록 만드는 미사여구일 뿐이라고 생각했지만 경험해보니 진짜였습니다. 인생, 사업, 일이 잘못되는 것은 상황이 나빠서가 아니라 그 상황에서 스스로 포기했을 때 발생합니다.

절대, 절대, 절대로 포기하지 마십시오. 포기할까 고민할 시간에 어떻게 해야 나아질지 생각해서 실행에 옮기면 인생은 분명 달라질 것입니다.

* * *

이 책이 제가 모르는 세상 누군가에게 조금이라도 도움을 준다면 그것만으로도 저는 더없이 기쁠 것입니다. 모두 행복하길 바라며 절대 어떤 순간에도 꿈을 포기하지 않기를 바랍니다.

함께 살고 있는 엘라와 HO, 서나에게 깊은 감사와 사랑을 전합니다. 그리고 이곳에 한 분씩 호명하지는 못하지만 저를 아는 지인들에게도 감사함을 전합니다. 그분들의 성공과 행복을 진심으로 바라며 응원합니다.

　책을 쓰기에 부족한 점이 많았음에도 불구하고 원고를 보고 흔쾌히 연락해준 정아영 대리님과 부족한 원고를 멋진 책으로 만들어준 김현아 과장님, 그리고 회사 관계자 분들께도 감사의 마음을 전합니다. 적으나마 이 책을 통해 얻는 수익으로 어른들의 관심이 필요한 어린아이들에게 도움을 줄 수 있어 기쁩니다.

　끝으로 '선물주는산타' 블로그를 찾아주는 이웃 분들께도 깊은 감사의 마음을 전합니다.

선물주는산타 올림